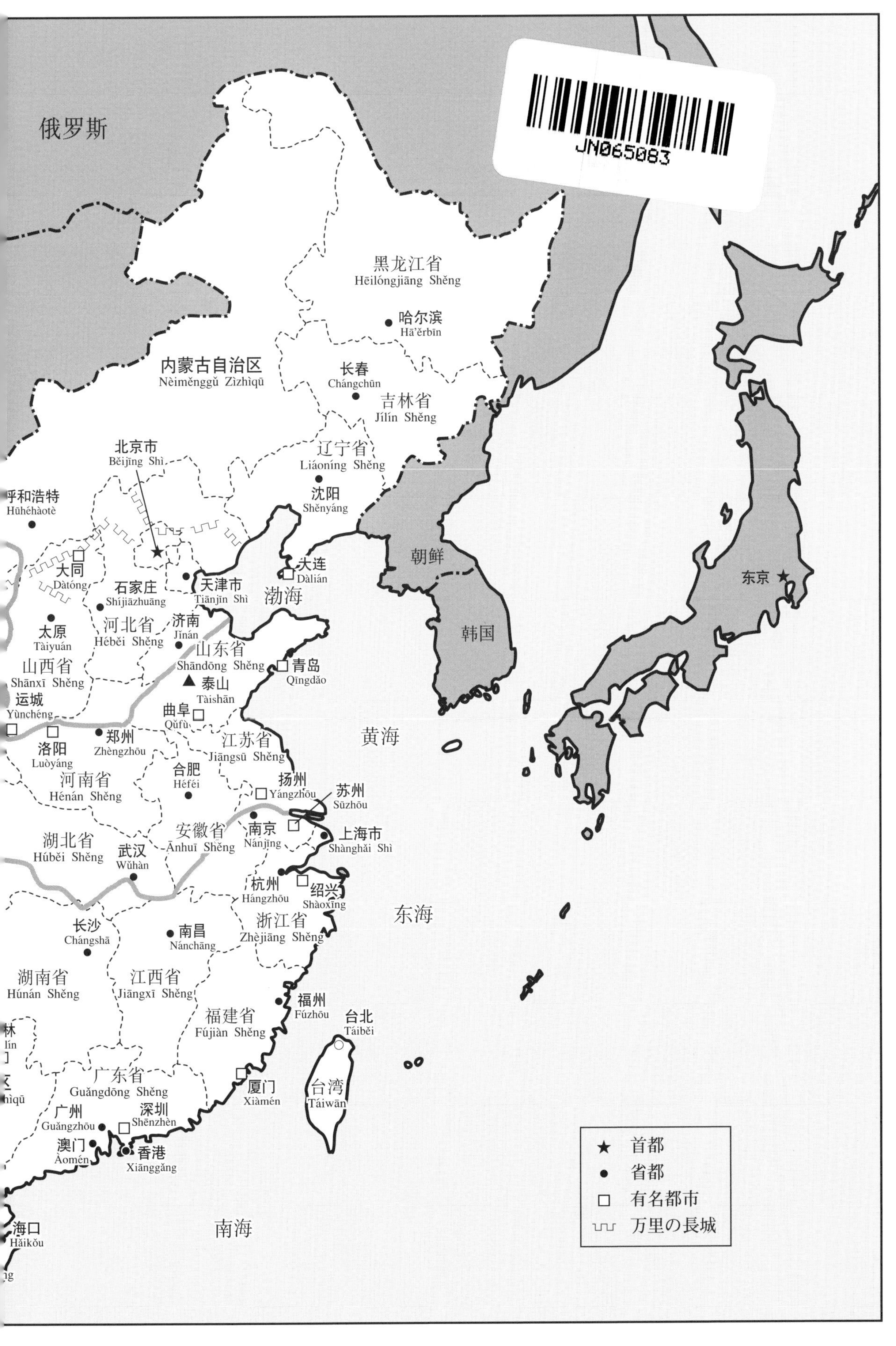

俄罗斯
黑龙江省
Hēilóngjiāng Shěng
哈尔滨
Hā'ěrbīn
内蒙古自治区
Nèiměnggǔ Zìzhìqū
长春
Chángchūn
吉林省
Jílín Shěng
辽宁省
Liáoníng Shěng
沈阳
Shěnyáng
北京市
Běijīng Shì
Hūhéhàotè
大同
Dàtóng
石家庄
Shíjiāzhuāng
天津市
Tiānjīn Shì
大连
Dàlián
渤海
朝鲜
韩国
东京
太原
Tàiyuán
河北省
Héběi Shěng
济南
Jǐnán
山东省
Shāndōng Shěng
青岛
Qīngdǎo
山西省
Shānxī Shěng
泰山
Tàishān
运城
Yùnchéng
曲阜
Qūfù
洛阳
Luòyáng
郑州
Zhèngzhōu
江苏省
Jiāngsū Shěng
黄海
合肥
Héféi
河南省
Hénán Shěng
扬州
Yángzhōu
苏州
Sūzhōu
湖北省
Húběi Shěng
武汉
Wǔhàn
安徽省
Ānhuī Shěng
南京
Nánjīng
上海市
Shànghǎi Shì
杭州
Hángzhōu
绍兴
Shàoxīng
东海
长沙
Chángshā
南昌
Nánchāng
浙江省
Zhèjiāng Shěng
湖南省
Húnán Shěng
江西省
Jiāngxī Shěng
福州
Fúzhōu
福建省
Fújiàn Shěng
台北
Táiběi
台湾
Táiwān
广东省
Guǎngdōng Shěng
厦门
Xiàmén
广州
Guǎngzhōu
深圳
Shēnzhèn
澳门
Àomén
香港
Xiānggǎng
海口
Hǎikǒu
南海
首都
省都
有名都市
万里の長城

中国語スタイルでいこう

上海編

平野和彦・馬燕 著

駿河台出版社

表紙・本文デザイン：小熊未央
本文写真：戎宗谷
柏月平

本書の音声は駿河台出版社ホームページから無料でダウンロードできます。
下記 URL を入力するか、弊社ホームページから「中国語スタイルでいこう　上海編」を検索し、音声をダウンロードしてください。音声ファイルは圧縮されていますので、スマートフォンでご利用の場合は解凍ソフトをアプリストアよりダウンロードの上、ご使用ください。

http://www.e-surugadai.com/books/isbn978-4-411-03131-0

前書き

本書は、中国語を初めて学ぶ人や大学生が使いやすいように発音編と本文12課の構成にしました。これによって大学の通年週１回の授業用テキストとしても便利に使え、年間２学期制でも年間４学期制にも対応させることができます。

初めて中国語を学ぶ人がコミュニケーションできるようになるためには、まず基本的な発音のマスターを重点的に行った後、基本会話を中心としてステップ・バイ・ステップで学びことが重要です。

これまでのテキストと異なる点は、学習者が、テキストを読んだらすぐに覚えた内容を練習できるように「即練習」コーナーを設けたことです。これによって「読む・聞く・書く・話す」の４つの能力がバランスよく身につくよう工夫してあります。

また味気ない単語をただ機械的に暗記するのではなく、文章に親しんで、理解してから応用練習した方が効果は絶大です。本書では中国語と日本語、ピンインの対応した部分に同じ色を付けることによって、ポイントとなる部分を一目で確認、理解できるようにしてあります。

もう一つの本書の大きな特徴は、学習者が現代の上海の街中を歩くように、街の様々な場面がまるで目の前に展開するかのように構成したことです。上海の街中でロールプレイをするように複数人一緒でも一人でも楽しく学習が進められるようにしました。

どうぞ本書を利用して初めて中国語に触れる皆さんが言葉の世界を楽しみ、大きな学習成果を上げてくださることを願ってやみません。

2019年11月　著者

目次

发音

fāyīn

発音

中国語は漢字だけで構成され、日本語のカナに当る文字はありません。発音を表すには“拼音 pīnyīn”（ピンイン）と呼ばれるアルファベット式の発音記号を用い、一つの漢字に一つの読みが当てはまります。“拼音”は漢字の発音を表すふりがなのような重要な道具であり、パソコンや携帯電話などで中国語を入力する時や辞書を開く時にも使います。また、現在中国で“简体字 jiǎntǐzì”（簡体字）と呼ばれる字形（簡略化された漢字）が正式字体として使われています。

1 声調（四声）

声調とは、音調の上がり下がりのことです。中国語では、これを“声调 shēngdiào”（声調）と言います。声調には“四声 sìshēng”（四声）と“轻声 qīngshēng”（軽声）があり、声調が違うと意味も異なります。

1

第1声	高く平らにのばす	mā	（妈）お母さん
第2声	急激に上げる	má	（麻）麻
第3声	低く抑える	mǎ	（马）馬
第4声	急激に下げる	mà	（骂）ののしる
軽　声	軽く短く	ma	（吗）～か（疑問の助詞）

第１声　第２声　第３声　第４声　5 4 3 2 1

軽声は前の音に添えて、軽く短く発音します。軽声には声調記号をつけません。

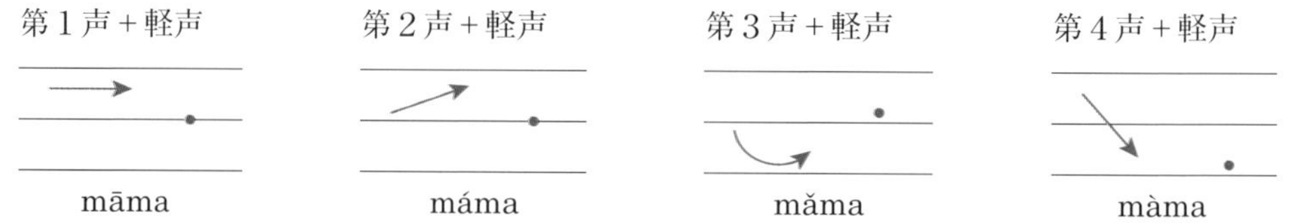

練習１ 声調の違いに注意しながら、発音しましょう。 2

妈妈 骂 马。
Māma mà mǎ.
お母さんが馬を叱ります。

马 骂 妈妈 吗？
Mǎ mà māma ma?
馬がお母さんを叱りますか？

練習2　大きな声で２音節の 20 パターンの発音練習をしましょう。 3

māmā	māmá	māmǎ	māmà	māma
mámā	mámá	mámǎ	mámà	máma
mǎmā	mǎmá	mǎmǎ	mǎmà	mǎma
màmā	màmá	màmǎ	màmà	màma

4

2　音節の仕組み

子音（声母）＋母音（韻母）＋声調

（例）

子音（声母）	母音（韻母）	声調	音　節	
	u	`	wù	物
j	iu	ˇ	jiǔ	酒
zh	ang	ˉ	zhāng	章
x	iong	´	xióng	熊

☆声調記号の付け方

1）母音の上に付けます。

2）i に付ける場合、上の点を取って、ī·í·ǐ·ì のように表記します。

3）母音が複数ある場合、次の優先順位となります。

a ―― o ―― e ―― i / u

（-iu、-ui は後ろの音につけます。）

4）文頭と固有名詞の最初の文字は大文字を使います。
（例）你好 Nǐhǎo（こんにちは）　日本 Rìběn（日本）

5）他の音節の直後に a、o、e が続く場合には、音節区切り符号「'」をつけます。
（例）西安 Xī'ān（西安）　※先 xiān（先）

5

3　単母音

a　口を大きく開けてのどの奥が見えるようなつもりで「アー」

o　唇を突き出すようにして「オー」

e　口を「エ」の形にしてのどの奥から「オー」

i（yi）　子供が「イーッ！ダ」という時の「イー」

u（wu）　唇を極端に突き出して「ウー」

ü（yu）　口を突き出して「ユ」の形にして「イー」

er　口を「a」の形にして「e」を言うと同時に舌先を丸くする

☆ i u ü は子音と組まない場合、i → yi　u → wu　ü → yu と表記します。

練習３　音声を聞いて、単母音を書き取りましょう。 6

(1) ＿＿＿＿　(2) ＿＿＿＿　(3) ＿＿＿＿　(4) ＿＿＿＿

(5) ＿＿＿＿　(6) ＿＿＿＿　(7) ＿＿＿＿　(8) ＿＿＿＿

練習４　単母音の違いに注意しながら、読み比べましょう。 7

(1) a – o – a　(2) o – e – o　(3) e – wu – e　(4) wu – a – wu

(5) yu – yi – yu　(6) wu – e – o　(7) wu – yu – yi　(8) e – o – a

8

4　子音

	〈無気音〉	〈有気音〉		
唇　音	b(o)	p(o)	m(o)	f(o)
舌尖音	d(e)	t(e)	n(e)	l(e)
舌根音	g(e)	k(e)	h(e)	
舌面音	j(i)	q(i)	x(i)	
そり舌音	zh(i)	ch(i)	sh(i)	r(i)
舌歯音	z(i)	c(i)	s(i)	

☆（　）内は練習用の母音

☆ ü が j・q・x と組む場合、jü → ju　qü → qu　xü → xu　と表記します。

練習５　音声を聞いて、空欄に子音を埋めましょう。  9

(1) ＿＿ ū　书　(2) ＿＿ ì　四　(3) ＿＿ é　河　(4) ＿＿ è　热

(5) ＿＿ ì　力　(6) ＿＿ ó　磨　(7) ＿＿ ī　西　(8) ＿＿ ǔ　女

練習６　音声を聞いて、読まれたものを選び、さらに読み比べましょう。  10

(1) jī 鸡 — qī 七　(2) bí 鼻 — pí 皮　(3) zhū 猪 — zū 租

(4) dù 肚 — tù 兔　(5) gè 各 — kè 课　(6) zhá 炸 — chá 茶

11

5　複合母音

ai	ei	ao	ou
ia (ya)	ie (ye)	iao (yao)	iou (you)
ua (wa)	uo (wo)	uai (wai)	uei (wei)
üe (yue)			

☆（　）内は子音と組まない場合の表記です。

☆ iou・uei は子音と組む場合、iou → iu　uei → ui　と表記します。

（例）j + iou → jiǔ 酒　　sh + uei → shuǐ 水

練習７ 音声を聞いて声調をつけ、さらに発音してみましょう。  12

(1) shei 谁　(2) hua 画　(3) you 有　(4) xue 学　(5) ai 爱　(6) duo 多

練習８ 音声を聞いて、読まれたものを選び、さらに読み比べましょう。  13

(1) chuī 吹 — quē 缺　(2) yè 夜 — yuè 月　(3) lòu 漏 — lù 路

(4) xiě 写 — xuě 雪　(5) zǒu 走 — zuǒ 左　(6) xiǎo 小 — shǎo 少

14

6 鼻母音 (-n と -ng)

an — ang　　en — eng

in (yin) — ing (ying)　　ian (yan) — iang (yang)

uan (wan) — uang (wang)　　uen (wen) — ueng (weng)

ong — iong (yong)　　üan (yuan) — ün (yun)

☆ ( ) 内は子音と組まない場合の表記です。

☆ uen は子音と組む場合、uen → un と表記します。(例) t + uen → tūn 吞

☆ -n と -ng の違い　(例) an 案内 ; ang 案外

練習９ 音声を聞いて、声調をつけ、さらに発音してみましょう。  15

(1) san 伞　(2) kun 困　(3) leng 冷　(4) bing 病　(5) wen 温　(6) long 龙

練習10 音声を聞いて、読まれたものを選び、さらに読み比べましょう。  16

(1) qián 钱 — qiáng 强　(2) shēn 身 — shēng 生　(3) yán 盐 — yáng 羊

(4) xìn 信 — xìng 杏　(5) jiǎn 减 — jiǎng 奖　(6) mín 民 — míng 明

練習11 音声を聞いて、読まれたものを選び、さらに声調をつけみましょう。  17

(1) yanzi 燕子 (つばめ) — yangzi 样子 (様子)

(2) renshen 人参 (ニンジン) — rensheng 人生 (人生)

7 声調の変化

四声の組み合わせによって本来の声調が変化する場合があります。これを"变调 biàndiào"(変調) と言います。

1) 第３声の変調

第３声 + 第３声 → 第２声 + 第３声

(例) 你好 Nǐ hǎo → Ní hǎo (こんにちは)　手表 shǒubiǎo → shóubiǎo (腕時計)

☆第３声と第３声が続く場合、前の音節の第３声は第２声に変調します。声調記号はもとの第３声のまま表記します。

2）“不 bù”の変調

bù ＋第４声 → bú ＋第４声

（例）不要 bù yào → bú yào（要らない）

不会 bù huì → bú huì（できない）

☆否定を表す“不”は本来第４声ですが、後ろに同じ第４声が続く場合は、第２声に変調します。声調記号は変調した記号を表記します。

3）“一 yī ”の変調

① yī ＋第１・２・３声 → yì ＋第１・２・３声

（例）一张 yī zhāng → yì zhāng（1 枚）　一年 yī nián → yì nián（1 年）

一本 yī běn → yì běn（1 冊）

② yī ＋第４声 → yí ＋第４声

（例）一万 yī wàn → yí wàn（1 万）　一次 yī cì → yí cì（1 回）

☆“一”は本来第１声ですが、後ろに第１・２・３声が続く場合は第４声に変調し、第４声が続く場合は第２声に変調します。声調記号は変調した記号を表記します。

ただし、“一”は順序を表す場合は第１声のままで、変調しません。

練習 12 bu と yi に声調記号をつけ、さらに発音を聞き、正しく声調がつけられているか確認しましょう。 18

（1）不喝 bu hē　（2）不买 bu mǎi　（3）不来 bu lái　（4）不累 bu lèi

（5）一百 yi bǎi　（6）一台 yi tái　（7）一块 yi kuài　（8）一千 yi qiān

19

8 儿化

単母音“er”は、時には他の母音と結合して儿化母音となります。“儿”の本来の発音は ér ですが、接尾語となった場合は、e を省いて r だけで書き表されます。

gē → gēr	táo → táor	yìdiǎn → yìdiǎnr	gài → gàir
歌　歌儿	桃　桃儿	一点　一点儿	盖　盖儿

*r の前の i·n の音は、発音されません。

練習 13 音声を聞いて、声調をつけ、さらに発音してみましょう。 20

（1）shir 事儿　（2）huar 花儿　（3）yikuair 一块儿　（4）haibianr 海边儿

（5）shaor 勺儿　（6）wanr 玩儿　（7）youdianr 有点儿　（8）xiaohair 小孩儿

練習 14 音声を聞いて、読まれたものを選び、さらに読み比べましょう。  21

（1）lǎotóu 老头 — lǎotóur 老头儿　（2）huà huà 画画 — huà huàr 画画儿

（3）guāzǐ 瓜子 — guāzǐr 瓜子儿　（4）diànyǐng 电影 — diànyǐngr 电影儿

（5）xìnfēng 信封 — xìnfēngr 信封儿　（6）yǒukòng 有空 — yǒukòngr 有空儿

練習 15　辞書で調べ、次の２音節の２０パターン表を埋めましょう。

	第１声	第２声	第３声	第４声	軽　声
第１声	Dōngjīng 东京 東京			Qiānyè 千叶 千葉	
第２声		Chángqí 长崎 長崎			yéye 爷爷 おじいさん
第３声	Běijīng 北京 北京			Wǔhàn 武汉 武漢	
第４声			Rìběn 日本 日本		bàba 爸爸 お父さん

練習 16　音声を聞いて、声调をつけ、さらに発音してみましょう。　22

(1) qingjiao 青椒　(2) zuotian 昨天　(3) shouji 手机　(4) dajia 大家
(5) jinnian 今年　(6) xuexi 学习　(7) lütu 旅途　(8) lianxi 练习
(9) Yingyu 英语　(10) pijiu 啤酒　(11) shuiguo 水果　(12) Hanyu 汉语
(13) gongzuo 工作　(14) baicai 白菜　(15) chaofan 炒饭　(16) zaijian 再见
(17) xiuxi 休息　(18) pengyou 朋友　(19) xihuan 喜欢　(20) xiexie 谢谢

23

9　挨拶言葉 10

① Nǐ hǎo!　你好！　こんにちは。

② Nín zǎo!　您早！　おはようございます。

③ Nǐmen hǎo!　你们好！　みなさん、こんにちは。

④ Hǎo jiǔ bú jiàn.　好久不见。　お久しぶりです。

⑤ Qǐng wèn.　请问。　お伺いしますが。／お尋ねしますが。

⑥ Xièxie.　谢谢。　ありがとう。
Bú xiè.　不谢。　どういたしまして。

⑦ Duìbuqǐ.　对不起。　すみません。
Méi guānxi.　没关系。　かまいません。

⑧ Máfan nín le.　麻烦您了。　お手数をかけます。
Bú kèqi.　不客气。　どういたしまして。

⑨ Dǎrǎo nín le.	打扰您了。	お邪魔いたしました。
Nǎli, nǎli.	哪里，哪里。	とんでもありません。
⑩ Zàijiàn.	再见。	さようなら。
Míngtiān jiàn.	明天见。	またあした。

24

10 教室用語 10

① Xiànzài kāishǐ shàngkè.	现在开始上课。	いまから授業を始めます。
② Xiān diǎnmíng.	先点名。	まず出席を取ります。
Lín tóngxué.	林同学。	林さん。
Dào.	到。	はい。
③ Jīntiān xuéxí dìyīkè.	今天学习第 1 课。	今日は第 1 課を学びます。
④ Qǐng gēn wǒ niàn!	请跟我念！	私の後について読んでください。
⑤ Qǐng zài shuō yí biàn.	请再说一遍！	もう一度言ってください。
⑥ Nǐ tīngdǒng le ma?	你听懂了吗？	聞いて分かりましたか。
Tīngdǒng le./ Méi tīngdǒng.	听懂了。/ 没听懂。	分かりました。/ 分かりません。
⑦ Yǒu méi yǒu wèntí?	有没有问题？	質問はありますか。
Yǒu./ Méiyǒu.	有。/ 没有。	あります。/ ありません。
⑧ Jīntiān jiù xuédào zhèr.	今天就学到这儿。	今日はここまでにします。
⑨ Xià kè.	下课。	授業を終わります。
⑩ Tóngxuémen, zàijiàn!	同学们，再见！	(先生が学生たちに) 皆さん、さようなら。

中国語スタイルでいこう

上海編

第 1 课
Dì yī kè

上海 浦东 国际 机场
Shànghǎi Pǔdōng Guójì Jīchǎng

课文 ♣上海浦東国際空港国際線出口 26

中村：请问，你 是 林 香 同学 吗？
Qǐngwèn, nǐ shì Lín Xiāng tóngxué ma?

林香：是，我 是 林 香。你 是……？
Shì, wǒ shì Lín Xiāng. Nǐ shì ……?

中村：我 姓 中村，叫 中村 健夫。
Wǒ xìng Zhōngcūn, jiào Zhōngcūn Jiànfū.

林香：中村？你 是 日本 富士 大学 的 中村 健夫
Zhōngcūn? Nǐ shì Rìběn Fùshì Dàxué de Zhōngcūn Jiànfū

同学 吗？
tóngxué ma?

中村：是，我 是 日本 富士 大学 的 中村 健夫。
Shì, wǒ shì Rìběn Fùshì Dàxué de Zhōngcūn Jiànfū.

♣学生証を見せる

中村：看，这 是 我 的 学生证。
Kàn, zhè shì wǒ de xuéshēngzhèng.

林香：没错儿，是 你。见到 你 很 高兴！
Méicuòr, shì nǐ. Jiàndào nǐ hěn gāoxìng!

中村：请 多 关照！
Qǐng duō guānzhào!

即練習 1 本文を日本語に訳してみましょう。

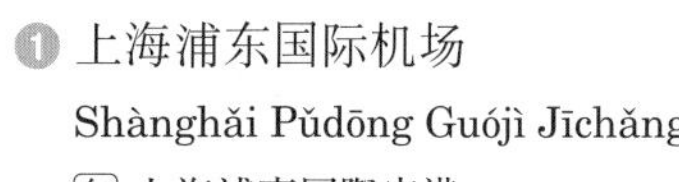

25

❶ 上海浦东国际机场
Shànghǎi Pǔdōng Guójì Jīchǎng
名 上海浦東国際空港
❷ 请问 qǐngwèn 套 お尋ねします
❸ 你 nǐ 代 あなた
❹ 是 shì 動 ～である
（肯定の返事）はい、そうです
❺ 林香 Lín Xiāng 名 林香（人名）
❻ 同学 tóngxué 名 学生に対する呼称、同級生
❼ 吗 ma 助 文末に用いて疑問を表す
❽ 我 wǒ 代 私
❾ 姓 xìng 動 姓は～である
❿ 中村 Zhōngcūn 名 中村（日本人の姓）
⓫ 叫 jiào 動 名前は～という
動 鳴く、叫ぶ
⓬ 中村健夫 Zhōngcūn Jiànfū 名 中村健夫（人名）
⓭ 日本 Rìběn 名 日本
⓮ 日本富士大学 Rìběn Fùshì Dàxué
名 日本富士大学
⓯ 的 de 助 ～の
⓰ 看 kàn 動 見る、読む
⓱ 这 zhè 代 これ
⓲ 学生证 xuéshēngzhèng 名 学生証
⓳ 没错儿 méicuòr 間違いない
⓴ 见到你很高兴 jiàndào nǐ hěn gāoxìng
套 お会い出来て嬉しいです
㉑ 请多关照 qǐng duō guānzhào
套 どうぞよろしく

人称代名詞

	単　数	複　数	疑　問
1人称	我 wǒ 私	我们 wǒmen 咱们[2] zánmen 私たち	谁 shéi (shuí) だれ
2人称	你 nǐ 您[1] nín あなた	你们 nǐmen あなたたち	
3人称	他 tā 彼 她 tā 彼女	他们[3] tāmen 彼ら 她们 tāmen 彼女ら	

1) “您”は“你”の敬称です。
2) “咱们”は聞き手を含んだ「私たち」を指します。
3) “他们”は、全員が男性か、男女が混ざっている場合に使います。

28

判断動詞“是”

1) **肯定文** A＋是＋B　AはBです

我 是 日本人。
Wǒ shì Rìběnrén.
私は日本人です。

他们 是 中国人。
Tāmen shì Zhōngguórén.
彼らは中国人です。

2) **否定文** A＋不是＋B　AはBではない

我 不是 日本人。
Wǒ búshì Rìběnrén.
私は日本人ではありません。

他们 不是 中国人。
Tāmen búshì Zhōngguórén.
彼らは中国人ではありません。

❖ 動詞“是”の前に否定副詞“不”をつけます。

3) **疑問文** A＋是＋B＋吗？　AはBですか

你 是 日本人 吗？ — 是。/ 不 是。
Nǐ shì Rìběnrén ma? Shì. Bú shì.
あなたは日本人ですか。 はい。そうです。/ いいえ。違います。

他们 是 中国人 吗？ — 是。/ 不 是。
Tāmen shì Zhōngguórén ma? Shì. Bú shì.
彼らは中国人ですか。 はい。そうです。/ いいえ。違います。

❖ 平叙文の文末に“吗”をつけると疑問文になります。

❖ 中国語の疑問文は文末に必ず“？”をつけます。

*日本人：日本人　*中国人：中国人　*不：否定を表す副詞

即練習2 下線部を①～③に置き換えて練習してみましょう。

(1) 我 是 日本人。 ① 他 ② 我们 ③ 中村 健夫
Wǒ shì Rìběnrén. tā wǒmen Zhōngcūn Jiànfū

(2) 她 是 学生。 ① 林 香 ② 中国人 ③ 留学生
Tā shì xuésheng. Lín Xiāng Zhōngguórén liúxuéshēng

*学生：学生　*留学生：留学生

29

POINT 3 助詞“的”

A＋的＋B　AのB

中国 的 乌龙茶
Zhōngguó de wūlóngchá
中国のウーロン茶

我 的 杂志
wǒ de zázhì
私の雑誌

*乌龙茶：ウーロン茶　*杂志：雑誌

❖“的”の後の名詞は省略できます。

这 是 中国 的。
Zhè shì Zhōngguó de.
これは中国のです。

这 不是 中国 的。
Zhè búshì Zhōngguó de.
これは中国のではありません。

这 是 中国 的 吗？
Zhè shì Zhōngguó de ma?
これは中国のですか。

❖ 家族・人間関係・所属（学校・会社）については、“的”を省略できます。また、熟語化された語も同様です。

我 妈妈	中国 老师	我们 大学	民族 音乐
wǒ māma	Zhōngguó lǎoshī	wǒmen dàxué	mínzú yīnyuè
私の母	中国の先生	私たちの大学	民族の音楽

*妈妈：お母さん　*中国：中国　*老师：先生　*大学：大学　*民族：民族　*音乐：音楽

30

POINT 4 名前の尋ね方・言い方

1) **フルネームの場合**

你 叫 什么 名字？
Nǐ jiào shénme míngzi?

“名字”は次の二つの意味があります。①名だけを指して、姓を含まない。②姓と名の両方を含みます。日常言語生活の中では②の意味で多く用いられます。答える時は姓と名を一緒に答えるべきで、名だけで答えてはいけません。

(例) 你 叫 什么 名字？ — 我 叫 林 香。
Nǐ jiào shénme míngzi? — Wǒ jiào Lín Xiāng.
お名前は何といいますか？ — 林香といいます。

*什么：何　*名字：（人の）名、名前

2) **名字（姓）の場合**

您（你）贵姓？
Nín (Nǐ) guìxìng?

“您（你）贵姓？”は“你叫什么名字？”より丁寧な言い方です。答える時は姓だけでよいです。

(例) 您 贵姓？ — 我 姓 林。
Nín guìxìng? — Wǒ xìng Lín.
お名前は何とおっしゃいますか。 — 林と申します。

*贵姓：お名前、ご芳名（名字）

即練習３ 次の文のピンインを書き、さらに中国語で答えましょう。

(1) 您贵姓？　ピンイン ……………………　答 ……………………

(2) 你叫什么名字？　ピンイン ……………………　答 ……………………

练习

1 次の日本語を中国語に訳し、さらにピンインで書きましょう。

(1) 私は林香といいます。

(2) 私たちは中国人ではありません。

(3) あなたは留学生ですか。

(4) 中村君は日本人です。

2 次の文を否定文と疑問文に直し、さらに読んでみましょう。

(1) 我们 是 日本人。
Wǒmen shì Rìběnrén.

(2) 他 是 中村 健夫。
Tā shì Zhōngcūn Jiànfū.

(3) 她们 是 留学生。
Tāmen shì liúxuéshēng.

(4) 林 香 是 中国人。
Lín Xiāng shì Zhōngguórén.

3 "的"に注意して、次の語の意味を書きましょう。

(1) 中国音乐的 Zhōngguó yīnyuè de

(2) 中国的音乐 Zhōngguó de yīnyuè

(3) 他妈妈的 tā māma de

(4) 他的妈妈 tā de māma

(5) 我们大学的 wǒmen dàxué de

(6) 我们的大学 wǒmen de dàxué

4 次の空港で出迎える時の会話を完成しましょう。

♣上海浦東国際空港

♣空港国際線出口で

A: 请问，你是 ＿＿＿＿ 吗？

B: 是，我是林香。你是……？

A: 我姓 ＿＿＿＿ ，叫 ＿＿＿＿ 。

B: ＿＿＿＿？你是 ＿＿＿＿ 吗？

A: 是，我是 ＿＿＿＿ 。

看，这是 ＿＿＿＿ 。

B: 没错儿，是你。＿＿＿＿！

A: ＿＿＿＿！

第 2 课 Dì èr kè

磁悬浮 列车
Cíxuánfú lièchē

课文 ♣リニアモーターカー上海浦東国際空港駅 32

中村：这 是 什么？
Zhè shì shénme?

林香：这 是 磁悬浮 列车。上车 吧。
Zhè shì cíxuánfú lièchē. Shàngchē ba.

♣リニアモーターカー内

中村：这 是 谁 的 座位？
Zhè shì shéi de zuòwèi?

林香：1 排 A 座，是 你 的。
Yī pái A zuò, shì nǐ de.

中村：你 的 呢？
Nǐ de ne?

林香：我 也 是 1 排，是 1 排 C 座。我们 都
Wǒ yě shì yī pái, shì yī pái C zuò. Wǒmen dōu

是 第 1 排。上海 磁悬浮 列车 的 时速
shì dì yī pái. Shànghǎi cíxuánfú lièchē de shísù

是 430 公里。
shì sìbǎisānshí gōnglǐ.

中村：430 公里？ 了不起！
Sìbǎisānshí gōnglǐ? Liǎobuqǐ!

♣リニアモーターカー龍陽路駅

林香：这 是 终点站。请 下车。
Zhè shì zhōngdiǎnzhàn. Qǐng xiàchē.

即練習 1 本文を日本語に訳してみましょう。

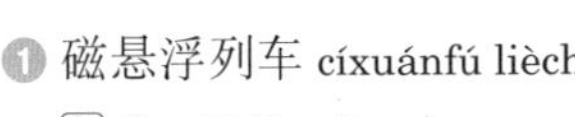

31

❶ 磁悬浮列车 cíxuánfú lièchē 名 リニアモーターカー
❷ 什么 shénme 代 何、どんな、何の
❸ 上车 shàngchē 動 車に乗る、乗車する
❹ 吧 ba 助（勧誘）～しましょう
（提案・要求）～しなさい
（推測）～でしょう
❺ 谁 shéi 代 誰、どなた
❻ 座位 zuòwèi 名 座席、席
❼ 排 pái 名 列
❽ 座 zuò 名 席、座席
❾ 呢 ne 助 文末に用いて疑問を表す
❿ 也 yě 副 も
⓫ 都 dōu 副 みな、みんな、すべて、ともに
副 ～でさえ、～ですら
⓬ 第 1 排 dì yī pái 名 第 1 列
⓭ 上海 Shànghǎi 名 上海（地名）
⓮ 时速 shísù 名 時速
⓯ 公里 gōnglǐ 量 キロメートル
⓰ 了不起 liǎobuqǐ 形 素晴らしい、すごい
⓱ 终点站 zhōngdiǎnzhàn 名 終着駅、終点
⓲ 请 qǐng 敬 どうぞ（…してください）
⓳ 下车 xiàchē 動 車を降りる、降車する

第2课

语法

33

指示代名詞（1）

	単　数	複　数
近　称	这 zhè これ	这些 zhèxiē これら
遠　称	那 nà あれ	那些 nàxiē あれら
疑　問	哪 nǎ どれ	哪些 nǎxiē どれら

这 是 乌龙茶。
Zhè shì wūlóngchá.
これはウーロン茶です。

这些 不 是 乌龙茶。
Zhèxiē bú shì wūlóngchá.
これらはウーロン茶ではありません。

这 是 乌龙茶 吗？
Zhè shì wūlóngchá ma?
これはウーロン茶ですか。

那些 是 杂志。
Nàxiē shì zázhì.
あれらは雑誌です。

那 不 是 杂志。
Nà bú shì zázhì.
あれは雑誌ではありません。

那些 是 杂志 吗？
Nàxiē shì zázhì ma?
あれらは雑誌ですか。

34

疑問詞疑問文

1) 疑問詞 “什么” 何

这 是 什么？ — 这 是 乌龙茶。
Zhè shì shénme? Zhè shì wūlóngchá.
これは何ですか。 これはウーロン茶です。

你 姓 什么？ — 我 姓 林。
Nǐ xìng shénme? Wǒ xìng lín.
お名前は何といいますか。 私は林といいます。

2) **疑問詞** “**谁**” 誰

她 是 **谁**？ — 她 是 林 香。
Tā shì shéi? — Tā shì Lín Xiāng.
彼女は誰ですか。 — 彼女は林香です。

谁 是 中村 健夫？ — 他 是 中村 健夫。
Shéi shì Zhōngcūn Jiànfū? — Tā shì Zhōngcūn Jiànfū.
誰が中村健夫ですか。 — 彼が中村健夫です。

- 疑問詞でも平叙文と同じ位置に置きます。
- 文末に“吗”をつける必要はありません。

即練習2 下線部を①～③に置き換えて練習してみましょう。

(1) A：这些 都 是 什么？
Zhèxiē dōu shì shénme?
B：这些 都 是 乌龙茶。
Zhèxiē dōu shì wūlóngchá.

① 杂志 zázhì ② 大学 dàxué ③ 学生证 xuéshēngzhèng

(2) A：那 是 谁 的？
Nà shì shéi de?
B：那 是 我 的。
Nà shì wǒ de.

① 林 香 Lín Xiāng ② 我 妈妈 wǒ māma ③ 中村 健夫 Zhōngcūn Jiànfū

35

POINT 3 省略疑問“呢”

名詞＋呢？ ～は？

他 是 学生。 林 香 **呢**？
Tā shì xuésheng. Lín Xiāng ne?
彼は学生です。林香さんは？

我 是 日本 富士 大学 的 中村 健夫。你们 **呢**？
Wǒ shì Rìběn Fùshì Dàxué de Zhōngcūn Jiànfū. Nǐmen ne?
私は日本富士大学の中村健夫です。あなたたちは？

我 叫 林 香。你 **呢**？
Wǒ jiào Lín Xiāng. Nǐ ne?
私は林香といいます。あなたは？

她们 不 是 中国人。 他们 呢？
Tāmen bú shì Zhōngguórén. Tāmen ne?
彼女らは中国人ではありません。彼らは？

36

POINT 4 副詞“也”“都”

主語＋也／都＋述語 ～も／みな・全部

这 也 是 乌龙茶。
Zhè yě shì wūlóngchá.
これもウーロン茶です。

这 也 不 是 乌龙茶。
Zhè yě bú shì wūlóngchá.
これもウーロン茶ではありません。

这 也 是 乌龙茶 吗？
Zhè yě shì wūlóngchá ma?
これもウーロン茶ですか。

那些 也 是 杂志。
Nàxiē yě shì zázhì.
あれらも雑誌です。

那些 都 不 是 杂志。
Nàxiē dōu bú shì zázhì.
あれらは全部雑誌ではありません。

那些 也 不 是 杂志 吗？
Nàxiē yě bú shì zázhì ma?
あれらも雑誌ではありませんか。

他们 都 是 学生。
Tāmen dōu shì xuésheng.
彼らはみな学生です。

他们 都 不 是 学生。
Tāmen dōu bú shì xuésheng.
彼らはみな学生ではありません。

他们 都 是 学生 吗？
Tāmen dōu shì xuésheng ma?
彼らはみな学生ですか。

“也”と“都”を同時に使用する時は、次の語順になります。

主語＋也＋都＋述語 ～もみな・も全部

我们 也 都 是 日本人。
Wǒmen yě dōu shì Rìběnrén.
私たちもみな日本人です。

我们 也 都 不 是 日本人。
Wǒmen yě dōu bú shì Rìběnrén.
私たちもみな日本人ではありません。

你们 也 都 是 日本人 吗？
Nǐmen yě dōu shì Rìběnrén ma?
あなたたちもみな日本人ですか？

即練習３ 音声を聞いて、質問文を書き取り、さらに中国語で答えましょう。 37

(1) ＿＿＿＿＿＿＿＿ 答 ＿＿＿＿＿＿＿＿

(2) ＿＿＿＿＿＿＿＿ 答 ＿＿＿＿＿＿＿＿

(3) ＿＿＿＿＿＿＿＿ 答 ＿＿＿＿＿＿＿＿

(4) ＿＿＿＿＿＿＿＿ 答 ＿＿＿＿＿＿＿＿

练习

1 次の日本語を中国語に訳し、さらにピンインで書きましょう。

(1) 誰が中国人ですか。

(2) あれらも全部あなたのですか。

(3) これは何の雑誌ですか。

(4) 彼らはみな学生ですか。

2 下線の答えを求める疑問詞疑問文を作りましょう。

(1) 这些 是 乌龙茶。
Zhèxiē shì wūlóngchá.

(2) 他 是 中村 健夫。
Tā shì Zhōngcūn Jiànfū.

(3) 她 是 林 香。
Tā shì Lín Xiāng.

(4) 那 是 学生证。
Nà shì xuéshēngzhèng.

3 （ ）に“也”か“都”を入れましょう。

(1) 我 是 学生。他（　　）是 学生。我们（　　）是 学生。
Wǒ shì xuésheng. Tā (　　) shì xuésheng. Wǒmen (　　) shì xuésheng.

(2) 这 是 杂志。那（　　）是 杂志。这些（　　）是 中国 的 杂志。
Zhè shì zázhì. Nà (　　) shì zázhì. Zhèxiē (　　) shì Zhōngguó de zázhì.

第2课

4 日本語の文に合うように単語を並べ換えましょう。

(1) あれもリニアモーターカーですか。　列车　那　是　磁悬浮　吗　也　？

(2) これらは全部誰のですか。　谁　都　是　这些　的　？

5 次のリニアモーターカーに乗る時の会話を完成しましょう。

♣リニアモーターカー龍陽路駅

♣リニアモーターカー駅

A: 这是什么？

B: ＿＿＿＿＿＿＿＿。上车吧。

♣リニアモーターカー内

A: 我的座位是＿＿＿＿＿＿，你的呢？

B: ＿＿＿＿＿＿＿＿。

A: 我们都是第＿＿＿＿排。

B: 上海磁悬浮列车的时速是＿＿＿＿公里。

A: 了不起！

第 3 课 Dì sān kè

强生 出租车
Qiángshēng chūzūchē

课文

39

中村：林 香，我们 去 哪儿？
Lín Xiāng, wǒmen qù nǎr?

林香：去 前面 的 出租车站。
Qù qiánmian de chūzūchēzhàn.

中村：嗯。
Ǹg.

♣リニアモーターカー龍陽路駅タクシー乗り場

中村：大众、强生、锦江、巴士……，上海 有 那么多 出租车 公司 啊！我们 坐 哪 家 的？
Dàzhòng、Qiángshēng、Jǐnjiāng、Bāshì……, Shànghǎi yǒu nàmeduō chūzūchē gōngsī a! Wǒmen zuò nǎ jiā de?

林香：我 有 强生 出租车 的 优惠券，我们 坐 强生 吧。
Wǒ yǒu Qiángshēng chūzūchē de yōuhuìquàn, wǒmen zuò Qiángshēng ba.

中村：好，听 你 的。
Hǎo, tīng nǐ de.

林香：黄色 的 强生 来 了。
Huángsè de Qiángshēng lái le.

即練習 1　本文を日本語に訳してみましょう。

生词

38

1 强生 Qiángshēng 名 強生（タクシー名）
2 出租车 chūzūchē 名 タクシー
3 去 qù 動 行く
4 哪儿 nǎr 代 どこ
5 前面 qiánmian 方 前、前方
6 出租车站 chūzūchēzhàn
名 タクシー乗り場
7 嗯 ǹg 嘆（承諾を表す）うん、はい
8 大众 Dàzhòng 名 大衆（タクシー名）
9 锦江 Jǐnjiāng 名 錦江（タクシー名）
10 巴士 Bāshì 名 巴士（タクシー名）
11 有 yǒu 動 ある、いる、持っている
12 那么多 nàmeduō 形 そんなに多い
13 公司 gōngsī 名 会社
14 啊 a 助 文末に用いて感嘆の意を表す
15 坐 zuò 動（乗り物に）乗る
16 哪 nǎ 代 どれ、どちら
（哪家 nǎjiā どちらの会社）
17 优惠券 yōuhuìquàn 名 クーポン券
18 好 hǎo 形 よい
（同意を表す）よろしい、OK
挨拶などの慣用句として用いる
19 听你的 tīng nǐ de お任せする
20 黄色 huángsè 名 黄色
21 来 lái 動 来る
22 了 le 助（完了を表す）～した

语法

40

POINT 1 場所代名詞

	単　数	疑　問
近　称	这儿 zhèr 这里 zhèli　ここ	哪儿 nǎr 哪里 nǎli　どこ
遠　称	那儿 nàr 那里 nàli　あそこ	

41

POINT 2 動詞述語文

1) **肯定文** 主語＋動詞（＋目的語） ……は～する

我 去。
Wǒ qù.
私は行きます。

他们 学习 汉语。
Tāmen xuéxí Hànyǔ.
彼らは中国語を学びます。

2) **否定文** 主語＋不＋動詞（＋目的語） ……は～しない

我 不 去。
Wǒ bú qù.
私は行きません。

他们 不 学习 汉语。
Tāmen bù xuéxí Hànyǔ.
彼らは中国語を学びません。

3) **疑問文**

① **“吗”疑問文** 主語＋動詞（＋目的語）＋吗？ ……は～するか

你 去 吗？
Nǐ qù ma?
あなたは行きますか。

他们 学习 汉语 吗？
Tāmen xuéxí Hànyǔ ma?
彼らは中国語を学びますか。

② **疑問詞疑問文**

人について 谁 去？ — 我 去。
Shéi qù? Wǒ qù.
だれが行きますか。 私は行きます。

場所について 你 去 哪儿？ — 我 去 那儿。
Nǐ qù nǎr? Wǒ qù nàr.
あなたはどこに行きますか。 私はあそこに行きます。

物について 他们 学习 什么？ — 他们 学习 汉语。
Tāmen xuéxí shénme? Tāmen xuéxí Hànyǔ.
彼らは何を学びますか。 彼らは中国語を学びます。

✤ 疑問詞の位置に答えを置きます。

*学习：学び、勉強する *汉语：中国語

即練習２ 下線部を①～③に置き換えて練習してみましょう。

(1) 我 去 那儿。 ① 图书馆 ② 中国 ③ 日本
Wǒ qù nàr. túshūguǎn Zhōngguó Rìběn

(2) 你们 学习 汉语 吗？ ① 英语 ② 音乐 ③ 书法
Nǐmen xuéxí Hànyǔ ma? Yīngyǔ yīnyuè shūfǎ

*图书馆：図書館 *英语：英語 *书法：書道

42

POINT 3 「所有」を表す動詞“有”

1) **肯定文** 主語（人）＋ 有（＋目的語） ……は～を持っている・～がある

我 有。
Wǒ yǒu.
私はあります（持っています）。

她 有 汉语 课。
Tā yǒu Hànyǔ kè.
彼女は中国語の授業があります。

2) **否定文** 主語（人）＋ 没有 （＋目的語） ……は～を持っていない・～がない

我 没 有。
Wǒ méi yǒu.
私はありません（持っていません）。

她 没（有）汉语 课。
Tā méi (yǒu) Hànyǔ kè.
彼女は中国語の授業がありません。

3) **疑問文** 主語（人）＋有（＋目的語）＋吗？ ……は～を持っているか・～があるか

你 有 吗？
Nǐ yǒu ma?
あなたはあります（持っています）か。

她 有 汉语 课 吗？
Tā yǒu Hànyǔ kè ma?
彼女は中国語の授業がありますか。

否定は“没有”を使います。目的語がつく時は、“有”を省略できます。

*汉语课：中国語の授業　*没有：否定を表す動詞

43

POINT 4 「存在」を表す動詞“有”

1) **肯定文** 場所＋有＋もの・人 ……に～がある・～いる

这儿 有 图书馆。
Zhèr yǒu túshūguǎn.
ここに図書館があります。

图书馆（里）有 学生。
Túshūguǎn (li) yǒu xuésheng.
図書館に学生がいます。

2) **否定文** 場所＋没有＋もの・人 ……に～がない・～がいない

这儿 没（有）图书馆。
Zhèr méi (yǒu) túshūguǎn.
ここに図書館がありません。

图书馆（里）没（有）学生。
Túshūguǎn (li) méi (yǒu) xuésheng.
図書館に学生がいません。

3) **疑問文** 場所＋有＋もの・人＋吗？ ……に～があるか・～がいるか

这儿 有 图书馆 吗？
Zhèr yǒu túshūguǎn ma?
ここに図書館がありますか。

图书馆（里）有 学生 吗？
Túshūguǎn (li) yǒu xuésheng ma?
図書館に学生がいますか。

*～里：～の中

即練習3 音声を聞いて、質問文を書き取り、さらに中国語で答えましょう。 44

(1) ………… 答 …………

(2) ………… 答 …………

(3) ………… 答 …………

(4) ………… 答 …………

练习

1 次の日本語を中国語に訳し、さらにピンインで書きましょう。

(1) 私は英語の雑誌を借ります。

(2) あなたも図書館に行きますか。

(3) 彼は中国語の授業がありません。

(4) 私たちは中国の書道を学びます。

2 次の文を否定文に直し、さらに読んでみましょう。

(1) 我们 学习 汉语。
Wǒmen xuéxí Hànyǔ.

(2) 这儿 有 留学生。
Zhèr yǒu liúxuéshēng.

(3) 你 有 体育 课。
Nǐ yǒu tǐyù kè.

(4) 他 去 图书馆。
Tā qù túshūguǎn.

*体育课：体育の授業

3 下線の答えを求める疑問詞疑問文を作りましょう。

(1) 老师 去 <u>图书馆</u>。
Lǎoshī qù túshūguǎn.

(2) 那儿 有 <u>杂志</u>。
Nàr yǒu zázhì.

(3) 林 香 有 <u>日语</u> 课。
Lín Xiāng yǒu Rìyǔ kè.

(4) <u>他们</u> 学习 英语。
Tāmen xuéxí Yīngyǔ.

*日语课：日本語の授業

4 日本語の文に合うように単語を並べ換えましょう。

⑴ 私たちは強生タクシーに乗りましょう。　强生　坐　我们　出租车　吧　。

⑵ 林香さんはどこに行きますか？　哪儿　林香　去　？

第3课

5 次のタクシー乗り場での会話を完成しましょう。

♣強生タクシー

♣タクシー乗り場で

A: ＿＿＿＿＿＿，上海有那么多＿＿＿＿＿＿啊！

我们坐哪家的？

B: ＿＿＿＿＿＿，我们＿＿＿＿＿＿吧。

A: ＿＿＿＿＿＿。

B: ＿＿＿＿＿＿。

第 4 课
Dì sì kè

上海 环球 金融 中心
Shànghǎi Huánqiú Jīnróng Zhōngxīn

课文 ♣タクシーの中

46

中村：摩天大楼 很 多！最高 的 是 上海 中心
Mótiāndàlóu hěn duō! Zuìgāo de shì Shànghǎi Zhōngxīn

大厦 和 上海 环球 金融 中心 吧？
Dàshà hé Shànghǎi Huánqiú Jīnróng Zhōngxīn ba?

林香：对。你 也 知道 上海 环球 金融 中心！
Duì. Nǐ yě zhīdao Shànghǎi Huánqiú Jīnróng Zhōngxīn!

中村：当然 咯，我 每天 都 看 新闻。上海 环球
Dāngrán lo, wǒ měitiān dōu kàn xīnwén. Shànghǎi Huánqiú

金融 中心 是 世界 最高 的 平顶式 大楼，
Jīnróng Zhōngxīn shì shìjiè zuìgāo de píngdǐngshì dàlóu,

由 日本 森大厦 公司 主导 兴建。
yóu Rìběn Sēndàshà gōngsī zhǔdǎo xīngjiàn.

林香：高度 是 多少？你 还 记 得 吗？
Gāodù shì duōshao? Nǐ hái jì de ma?

中村：记 得，492 米。
Jì de, sìbǎijiǔshi'èr mǐ.

林香：看 前面，那 两幢 就 是 上海 中心
Kàn qiánmian, nà liǎngzhuàng jiù shì Shànghǎi Zhōngxīn

大厦 和 上海 环球 金融 中心。怎么样？
Dàshà hé Shànghǎi Huánqiú Jīnróng Zhōngxīn. Zěnmeyàng?

中村：太 高 了！
Tài gāo le!

即練習 1　本文を日本語に訳してみましょう。

生词

45

1. 上海环球金融中心 Shànghǎi Huánqiú Jīnróng Zhōngxīn 名 上海環球金融中心
2. 摩天大楼 mótiāndàlóu 名 摩天楼
3. 很 hěn 副 とても、大変
4. 多 duō 形 多い
接尾 ～あまり
5. 最 zuì 副 最も、一番
6. 高 gāo 形 高い
7. 最高 zuìgāo 形 最高（の）
8. 上海中心大厦 Shànghǎi Zhōngxīn Dàshà 名 上海タワー
9. 和 hé 前 ～と
10. 对 duì その通りだ、はい、正しい
前 ～に対して
11. 知道 zhīdao 動 知っている、分かる
12. 当然 dāngrán 副 勿論、言うまでもなく
13. 咯 lo 助 肯定と感嘆を兼ねた語気を表す
14. 每天 měitiān 名 毎日
15. 新闻 xīnwén 名 ニュース
16. 世界 shìjiè 名 世界
17. 平顶式 píngdǐngshì 名 平形式
18. 大楼 dàlóu 名 ビルディング
19. 由 yóu 前 ～が（～する）、～から（～する）
20. 森大厦 Sēndàshà 名 森ビル（会社名）
21. 主导 zhǔdǎo 形 主導的な、全体を導く
22. 兴建 xīngjiàn 動 建設する
23. 高度 gāodù 名 高度、高さ
24. 多少 duōshao 代 どれぐらい
25. 还 hái 副 その上、まだ、なお
26. 记得 jì de 動 覚えている
27. 米 mǐ 量 メートル
28. 幢 zhuàng 量 ～棟（建物を数える）
29. 就 jiù 副 他ではなく、すぐ、じきに
30. 怎么样 zěnmeyàng 代 どうですか
31. 太～了 tài ~ le あまりにも～だ

语法

47

POINT 1 数詞

líng 0	yī 1	èr 2	sān 3	sì 4	wǔ 5	liù 6	qī 7	bā 8	jiǔ 9
shí 10	11	12	13	14	15	16	17	18	19
èr shí 20	21	22	23	24	25	26	27	28	29
sān shí 30	31	32	33	34	35	36	37	38	39
sì shí 40	41	42	43	44	45	46	47	48	49
wǔ shí 50	51	52	53	54	55	56	57	58	59
liù shí 60	61	62	63	64	65	66	67	68	69
qī shí 70	71	72	73	74	75	76	77	78	79
bā shí 80	81	82	83	84	85	86	87	88	89
jiǔ shí 90	91	92	93	94	95	96	97	98	99

- ピンインをふっていない数字はその数字の行の発音に列の発音を続けると、その数字の発音になります。但し、21 など 10 の発音が真ん中に来る場合は軽声となります。
  (例) 21　èr shi yī
- 100 以上の数の数え方
  (例)
  一百（100）yìbǎi
  一百零一（101）yìbǎilíngyī
  一百一（110）yìbǎiyī
  一百一十一（111）yìbǎiyīshiyī
  一千（1000）yìqiān
  一万（10000）yíwàn

48

量詞

1) 数詞＋量詞＋名詞

一 个 苹果	两 台 电脑	三 本 杂志	四 张 纸
yí ge píngguǒ	liǎng tái diànnǎo	sān běn zázhì	sì zhāng zhǐ
1個のリンゴ	2台のパソコン	3冊の雑誌	4枚の紙
五 双 鞋	六 枝 铅笔	七 件 衣服	八 条 裤子
wǔ shuāng xié	liù zhī qiānbǐ	qī jiàn yīfu	bā tiáo kùzi
5足の靴	6本の鉛筆	7着の服	8着のズボン

❖“二 èr”と“两 liǎng”：個数を表す時の2は“两”を使います。但し、一桁のみです。

两 杯 咖啡	十二 杯 咖啡	第 二 节	两 节 课
liǎng bēi kāfēi	shí'èr bēi kāfēi	dì èr jié	liǎng jié kè
2杯のコーヒー	12杯のコーヒー	2時限目	2コマの授業

*咖啡：コーヒー

❖人民元の数え方

話し言葉	块 kuài	毛 máo	分 fēn
書き言葉	元 yuán	角 jiǎo	分 fēn

*1 块（元）= 10 毛（角）

1 毛（角）= 10 分

即練習2 下線部を①～②に置き換えて練習してみましょう。

A：三 杯 咖啡 多少 钱？
Sān bēi kāfēi duōshao qián?

B：九十三 块 九 毛。
Jiǔshisān kuài jiǔ máo.

① 一 台 电脑 / 六 千 八 百 七 十 块
yì tái diànnǎo liù qiān bā bǎi qī shí kuài

② 两 件 衣服 / 四 百 二十二 块
liǎng jiàn yīfu sì bǎi èrshi'èr kuài

*多少钱：いくら（値段を尋ねる）

POINT 3

指示代名詞（2）

这个 人	那个 手机	这 条 领带	那 本 词典
zhège rén	nàge shǒujī	zhè tiáo lǐngdài	nà běn cídiǎn
この人	あの携帯	このネクタイ	あの辞書

❖“这个”、“那个”は“这一个”、“那一个”の意味で、単数だけに用います。

❖文の前後関係から何について述べているかが分かっている場合は、後続の名詞を省略して用いることもできます。

❖目的語となる時は、“这”、“那”だけでは使えません。

我 借 两本。
Wǒ jiè liǎngběn.
私は2冊を借ります。

我 借 这个。(× 我借这。)
Wǒ jiè zhège.
私はこれを借ります。

50

POINT 4 形容詞述語文

1) 肯定文 主語＋(副詞)＋形容詞 ～はどのようだ

他 很 高。
Tā hěn gāo.
彼は(背が)高いです。

这 台 电脑 很 贵。
Zhè tái diànnǎo hěn guì.
このパソコンは高いです。

2) 否定文 主語＋不＋形容詞

他 不 高。
Tā bù gāo.
彼は(背が)高くないです。

这 台 电脑 不 贵。
Zhè tái diànnǎo bú guì.
このパソコンは高くないです。

3) 疑問文 主語＋形容詞＋吗？ ～はどのようか
主語＋怎么样？ ～はどうですか

他 高 吗？
Tā gāo ma?
彼は(背が)高いですか。

这 台 电脑 怎么样？
Zhè tái diànnǎo zěnmeyàng?
このパソコンはどうですか。

*电脑：パソコン　*贵：(値段が)高い

❖ "很"は語調を整えるために加えられるものであり、強く発音しない限り、通常「とても」の意味を持っていません。

51

POINT 5 疑問詞"几""多少"

第 几 课？
Dì jǐ kè?
第何課ですか。

几 个 人？
Jǐ ge rén?
何人ですか。

多少 人？
Duōshao rén?
何人ですか。

多少 钱？
Duōshao qián?
いくらですか。

❖ ①几　序数、また1から10までのある数字の代わりに用いられ、量詞が必要です。
②多少　数の大小に関係なく使い、量詞を省略して用いることもできます。

即練習3 音声を聞いて、質問文を書き取り、さらに中国語で答えましょう。 52

(1) ＿＿＿＿＿＿＿＿ 答 ＿＿＿＿＿＿＿＿

(2) ＿＿＿＿＿＿＿＿ 答 ＿＿＿＿＿＿＿＿

练习

1 次の日本語を中国語に訳し、さらにピンインで書きましょう。

(1) あのパソコンはいくらですか。

(2) この雑誌はどうですか。

(3) 私は辞書を２冊持っています。

(4) 上海環球金融中心は高いですか。

2 日本語の意味に合うように次の（　　）に適切な漢字を入れましょう。

(1) （　　）台 电脑
tái diànnǎo
何台のパソコン

(2) （　　）节 汉语 课
jié Hànyǔ kè
２コマの中国語授業

(3) 那（　　）人
nà rén
あの人

(4) 这（　　）铅笔
zhè qiānbǐ
この鉛筆

(5) （　　）本 杂志
běn zázhì
どの雑誌

(6) （　　）学生
xuésheng
何人の学生

3 下線の答えを求める疑問詞疑問文を作りましょう。

(1) 上海 中心 大厦 <u>很 高</u>。
Shànghǎi Zhōngxīn Dàshà hěn gāo.

(2) 一 双 <u>一百 块</u>。
Yì shuāng yìbǎi kuài.

(3) 他 有 <u>二十</u> 条 领带。
Tā yǒu èrshí tiáo lǐngdài.

(4) 高度 是 <u>三</u> 米。
Gāodù shì sān mǐ.

4 日本語の文に合うように単語を並べ換えましょう。

(1) 上海環球金融中心はどうですか？　　上海　中心　怎么样　环球金融　？

……………………

(2) 中国語辞書は高いです。　　很　汉语　贵　词典　。

……………………

5 次の上海環球金融中心に関する会話を完成しましょう。

♣上海環球金融中心夜景
（左：金茂大厦；右：上海タワー）

A: 你 ________ 上海环球金融中心吗？

B: 知道。________ 由日本 ________ 公司主导兴建，
高度是 ________ 米。

A: 多少？ ________ 米！　太 ________ 了！

B: 对，是 ________ 平顶式 ________。

A: 了不起！

第4课

第5课 Dì wǔ kè

留学生 宿舍
Liúxuéshēng sùshè

课文 ♣管理人室

54

林香：中村，这位 是 张姐，这 幢 宿舍 的 管理员。
Zhōngcūn, zhèwèi shì Zhāngjiě, zhè zhuàng sùshè de guǎnlǐyuán.

张华：你 好！ 我 是 管理员 张 华。
Nǐ hǎo! Wǒ shì guǎnlǐyuán Zhāng Huá.

中村：张姐 好！ 我 叫 中村 健夫，麻烦 您 了！
Zhāngjiě hǎo! Wǒ jiào Zhōngcūn Jiànfū, máfan nín le!

张华：不 客 气。你 住 201 号 房间。我 打扫 了。
Bú kè qi. Nǐ zhù èrlíngyī hào fángjiān. Wǒ dǎsǎo le.

♣201号部屋

张华：这 是 单人 间，房间里 有 家具、电视机、
Zhè shì dānrén jiān, fángjiānli yǒu jiājù、diànshìjī、

冰箱、空调 和 卫生间。还 需要 什么？
bīngxiāng、kōngtiáo hé wèishēngjiān. Hái xūyào shénme?

中村：有 Wi-Fi 吗？ 我 想 用 微信。
Yǒu Wi-Fi ma? Wǒ xiǎng yòng wēixìn.

♣壁に貼ってあるWi-fiのIDを記載してある紙を指で指して

张华：有，密码 在 那儿。
Yǒu, mìmǎ zài nàr.

中村：谢谢 你！
Xièxie nǐ!

即練習 1 本文を日本語に訳してみましょう。

生词

53

1. 留学生 liúxuéshēng 名 留学生
2. 宿舍 sùshè 名 寮、宿舎
3. 位 wèi 量 敬意を持って人を数える
4. 张 Zhāng 名 張（中国人の姓）
5. 姐 jiě 名 姉、姉さん
6. 管理员 guǎnlǐyuán 名 管理人
7. 你好 nǐ hǎo 慣 こんにちは
8. 张华 Zhāng Huá 名 張華（人名）
9. 麻烦您了 máfan nín le 慣 お手数をかける
10. 不客气 bú kè qi 慣 どういたしまして どうか遠慮しないで
11. 住 zhù 動 住む、泊まる
12. 号 hào 量 ～日（日にちを示す） ～号（番号を示す）
13. 房间 fángjiān 名 部屋、室
14. 打扫 dǎsǎo 動 掃除する
15. 单人间 dānrénjiān 名 1 人部屋
16. ～里 li 名 ～の中
17. 家具 jiājù 名 家具
18. 电视机 diànshìjī 名 テレビ
19. 冰箱 bīngxiāng 名 冷蔵庫
20. 空调 kōngtiáo 名 エアコン
21. 卫生间 wèishēngjiān 名 バスルーム・トイレの総称
22. 需要 xūyào 動 必要としている
23. Wi-Fi 名 Wi-Fi
24. 想 xiǎng 助動 ～したい
25. 用 yòng 動 使う、用いる
26. 微信 wēixìn 名 WeChat
27. 密码 mìmǎ 名 パスワード
28. 在 zài 動 ～にある・いる 前 ～で、～に
29. 那儿 nàr 代 あそこ
30. 谢谢 xièxie 動 ありがとう、感謝する

语法

55

POINT 1 「完了」を表す助詞“了”

1) **肯定文** 主語＋動詞（＋目的語）＋了 ……は～した

他 喝 了。
Tā hē le.
彼は飲みました。

我 借 了。
Wǒ jiè le.
私は借りました。

他 喝 咖啡 了。
Tā hē kāfēi le.
彼はコーヒーを飲みました。

我 借 参考书 了。
Wǒ jiè cānkǎoshū le.
私は参考書を借りました。

数詞、量詞をともなう時は、次の語順になります。

主語＋動詞＋了＋数詞＋量詞＋目的語

他 喝 了 两 杯 咖啡。
Tā hē le liǎng bēi kāfēi.
彼はコーヒーを 2 杯飲みました。

我 借 了 三 本 参考书。
Wǒ jiè le sān běn cānkǎoshū.
私は参考書を 3 冊借りました。

- “了”は単純な目的語の場合には文末に置きます。
- 目的語の前に「数詞＋量詞」があれば“了”は動詞の後ろに置きます。

2) **否定文** 主語＋没(有)＋動詞（＋目的語） ……は～しなかった

他 没（有） 喝。
Tā méi (you) hē.
彼は飲みませんでした。

我 没（有） 借。
Wǒ méi (you) jiè.
私は借りませんでした。

他 没（有） 喝 咖啡。
Tā méi (you) hē kāfēi.
彼はコーヒーを飲みませんでした。

我 没（有） 借 参考书。
Wǒ méi (you) jiè cānkǎoshū.
私は参考書を借りませんでした。

3) **疑問文** 主語＋動詞（＋目的語）＋了＋吗？ ……は～したか

他 喝 了 吗？
Tā hē le ma?
彼は飲みましたか。

你 借 了 吗？
Nǐ jiè le ma?
あなたは借りましたか。

他 喝 咖啡 了 吗？
Tā hē kāfēi le ma?
彼はコーヒーを飲みましたか。

你 借 参考书 了 吗？
Nǐ jiè cānkǎoshū le ma?
あなたは参考書を借りましたか。

否定の答え方をする時は、“没有”だけでもよいです。

你 喝 了 吗？ — 没有。
Nǐ hē le ma? Méiyou.
あなたは飲みましたか。 飲みませんでした。

*喝：飲む *借：借りる *参考书：参考書 *没有：完了の否定を表す

即練習2 下線部を①～③に置き換えて練習してみましょう。

(1) 他们 没（有）借 参考书。 Tāmen méi (you) jiè cānkǎoshū.
① 汉语 词典 Hànyǔ cídiǎn ② 电脑 diànnǎo ③ 杂志 zázhì

(2) 林 香 去 中国 了。 Lín Xiāng qù Zhōngguó le.
① 上海 Shànghǎi ② 宿舍 sùshè ③ 公司 gōngsī

(3) 我 喝 了 两 杯 咖啡。 Wǒ hē le liǎng bēi kāfēi.
① 乌龙茶 wūlóngchá ② 可口 可乐 Kěkǒu kělè ③ 珍珠 奶茶 zhēnzhū nǎichá

*可口可乐：コカコーラ *珍珠奶茶：タピオカ入りのミルクティー

56

POINT 2 「所在」を表す動詞“在”

1) **肯定文** もの・人＋在＋場所 ……は～にある・いる

宿舍 在 那儿。
Sùshè zài nàr.
寮はあそこにあります。

他 在 教室（里）。
Tā zài jiàoshì (li).
彼は教室にいます。

2) 否定文 もの・人＋不在＋場所 ……は～にない・いない

宿舍 不 在 那儿。
Sùshè bú zài nàr.
寮はあそこにありません。

他 不 在 教室（里）。
Tā bú zài jiàoshì (li).
彼は教室にいません。

3) 疑問詞 もの・人＋在＋場所＋吗？ ……は～にあるか・いるか

宿舍 在 那儿 吗？
Sùshè zài nàr ma?
寮はあそこにありますか。

他 在 教室（里）吗？
Tā zài jiàoshì (li) ma?
彼は教室にいますか。

*教室：教室

57

POINT 3 助動詞“想”

1) 肯定文 主語＋想＋動詞（＋目的語） ……は～したい

我 想 喝。
Wǒ xiǎng hē.
私は飲みたいです。

我 想 喝 可口 可乐。
Wǒ xiǎng hē Kěkǒu kělè.
私はコカコーラを飲みたいです。

2) 否定文 主語＋不想＋動詞（＋目的語） ……は～したくない

我 不 想 喝。
Wǒ bù xiǎng hē.
私は飲みたくないです。

我 不 想 喝 可口 可乐。
Wǒ bù xiǎng hē Kěkǒu kělè.
私はコカコーラを飲みたくないです。

3) 疑問詞 主語＋想＋動詞（＋目的語）＋吗？ ……は～したいか
主語＋想＋動詞＋什么？ ……は何を～したいか

你 想 喝 吗？
Nǐ xiǎng hē ma?
あなたは飲みたいですか。

你 想 喝 可口 可乐 吗？
Nǐ xiǎng hē Kěkǒu kělè ma?
あなたはコカコーラを飲みたいですか。

你 想 喝 什么？
Nǐ xiǎng hē shénme?
あなたは何を飲みたいですか。

即練習3 音声を聞いて、質問文を書き取り、さらに中国語で答えましょう。 58

(1) ________ 答 ________
(2) ________ 答 ________
(3) ________ 答 ________
(4) ________ 答 ________

第5课

练习

1 次の日本語を中国語に訳し、さらにピンインで書きましょう。

(1) 先生はウーロン茶を飲みたいです。

(2) 私は雑誌を2冊借りました。

(3) あなたは寮に行きましたか。

(4) 彼女らはまだ上海にいます。

2 （ ）に“有”か“在”を入れましょう。

(1) 出租车站（　　）哪儿？
Chūzūchēzhàn nǎr?

(2) 哪儿（　　）出租车站？
Nǎr chūzūchēzhàn?

(3) 这儿（　　）杂志。
Zhèr zázhì.

(4) 杂志（　　）这儿。
Zázhì zhèr.

(5) 老师 也（　　）房间里。
Lǎoshī yě fángjiānli.

(6) 房间里 也（　　）老师。
Fángjiānli yě lǎoshī.

3 下線の答えを求める疑問詞疑問文を作りましょう。

(1) 中村 想 用 微信。
Zhōngcūn xiǎng yòng wēixìn.

(2) 宿舍里 有 冰箱。
Sùshèli yǒu bīngxiāng.

(3) 管理员 打扫 宿舍 了。
Guǎnlǐyuán dǎsǎo sùshè le.

(4) 老师 在 6 号 房间。
Lǎoshī zài liù hào fángjiān.

4 日本語の文に合うように単語を並べ換えましょう。

(1) あなたの部屋はあそこにあります。　那儿　房间　的　在　你　。

(2) 私はパソコンを一台借りたいです。　一　电脑　想　台　借　我　。

5 次の寮の中での会話を完成しましょう。

♣大学の学生寮

A: 这是你的房间，我 ＿＿＿＿＿＿。怎么样？

B: ＿＿＿＿＿＿＿＿＿＿。

A: 房间里有 ＿＿＿＿＿＿＿＿＿＿。

你还需要什么？

B: 我想 ＿＿＿＿＿＿，有 Wi-Fi 吗？

A: 有，密码 ＿＿＿＿＿＿ 那儿。

B: 谢谢！

A: ＿＿＿＿＿＿。

第5课

小笼包
Xiǎolóngbāo

课文

60

♣留学生寮の前

林香：中村，你 今天 想 吃 什么？
Zhōngcūn, nǐ jīntiān xiǎng chī shénme?

中村：我 想 吃 小笼包。
Wǒ xiǎng chī xiǎolóngbāo.

林香：那么，我们 去 豫园 吧。那儿 的 南翔 馒头店 的 小笼包 很 有名。我 预约 了 一辆 滴滴 车，十一点半 到，还 有 五分钟。
Nàme, wǒmen qù Yùyuán ba. Nàr de Nánxiáng Mántoudiàn de xiǎolóngbāo hěn yǒumíng. Wǒ yùyuē le yíliàng dīdī chē, shíyīdiǎnbàn dào, hái yǒu wǔfēnzhōng.

中村：真 方便！我 也 想 下载 滴滴出行。
Zhēn fāngbiàn! Wǒ yě xiǎng xiàzài Dīdīchūxíng.

♣南翔饅頭店

店员：这 是 菜单。你们 点 什么？
Zhèi shì càidān. Nǐmen diǎn shénme?

中村：小笼包 的 种类 真 多！有 猪肉 的，虾仁 的，蟹黄 的，还 有 蔬菜 的，我 都 想 吃。我 现在 就 想 大饱口福。
Xiǎolóngbāo de zhǒnglèi zhēn duō! Yǒu zhūròu de, xiārén de, xièhuáng de, hái yǒu shūcài de, wǒ dōu xiǎng chī. Wǒ xiànzài jiù xiǎng dàbǎokǒufú.

林香：知道 了。你 的 肚子 叫 了。
Zhīdao le. Nǐ de dùzi jiào le.

即練習 1　本文を日本語に訳してみましょう。

生词

59

1. 小笼包 xiǎolóngbāo 名 小籠包
2. 今天 jīntiān 名 今日
3. 吃 chī 動 食べる
4. 那（么）nà (me) 接 それでは
5. 豫园 Yùyuán 名 豫園
6. 南翔馒头店 Nánxiáng Mántoudiàn
   名 南翔饅頭店
7. 有名 yǒumíng 形 有名である
8. 预约 yùyuē 動 予約する
9. 辆 liàng 量 台、両（車を数える）
10. 滴滴车 dīdīchē
    名 滴滴車（Uber Taxi）
11. 点 diǎn 名 ～時（時間の単位）
    動 指定する、注文する
12. 到 dào 動 着く、到着する
13. 分钟 fēnzhōng 名 ～分間
14. 真 zhēn 副 本当に
15. 方便 fāngbiàn 形 便利である
16. 下载 xiàzài 動 ダウンロードする
17. 滴滴出行 Dīdīchūxíng
    名 滴滴出行（中国版 Uber Taxi アプリ）
18. 菜单 càidān 名 メニュー
19. 种类 zhǒnglèi 名 種類
20. 猪肉 zhūròu 名 豚肉
21. 虾仁 xiārén 名 むきエビ
22. 蟹黄 xièhuáng 名 カニみそ
23. 蔬菜 shūcài 名 野菜
24. 现在 xiànzài 名 現在、今
25. 大饱口福 dàbǎokǒufú
    ご馳走をいっぱい食べる
26. 肚子 dùzi 名 腹

语法

61

日付・時刻の言い方

～月	一月	二月	三月	四月	五月	六月	……	十二月	几月
	yīyuè	èryuè	sānyuè	sìyuè	wǔyuè	liùyuè		shí'èryuè	jǐyuè
	1月	2月	3月	4月	5月	6月		12月	何月

～日	一号	二号	三号	……	二十九号	三十号	三十一号	几号
	yīhào	èrhào	sānhào		èrshijiǔhào	sānshihào	sānshiyīhào	jǐhào
	1日	2日	3日		29日	30日	31日	何日

～曜日	星期一	星期二	星期三	星期四	星期五	星期六	星期天(日)	星期几
	xīngqīyī	xīngqī'èr	xīngqīsān	xīngqīsì	xīngqīwǔ	xīngqīliù	xīngqītiān(rì)	xīngqījǐ
	月曜日	火曜日	水曜日	木曜日	金曜日	土曜日	日曜日	何曜日

～時	一点	两点	三点	四点	……	十一点	十二点	几点
	yī diǎn	liǎng diǎn	sān diǎn	sì diǎn		shíyī diǎn	shí'èr diǎn	jǐ diǎn
	1時	2時	3時	4時		11時	12時	何時

～分	(零)五分	十分	十五分 / 一刻	三十分 / ～半	四十五分 / 三刻	几分
	(líng) wǔ fēn	shí fēn	shíwǔ fēn / yíkè	sānshi fēn / ～ bàn	sìshiwǔ fēn / sānkè	jǐ fēn
	5分	10分	15分	30分	45分	何分

前年	去年	今年	明年	后年	每年	哪年
qiánnián	qùnián	jīnnián	míngnián	hòunián	měinián	nănián
一昨年	昨年	今年	来年	再来年	毎年	どの年

前天	昨天	今天	明天	后天	每天	哪天
qiántiān	zuótiān	jīntiān	míngtiān	hòutiān	měitiān	nătiān
一昨日	昨日	今日	明日	明後日	毎日	どの日

早上	上午	中午	下午	晚上	什么时候
zăoshang	shàngwŭ	zhōngwŭ	xiàwŭ	wănshang	shénmeshíhou
朝	午前	昼	午後	夜	いつ

（例）今天（是）几 月 几 号？ — 八月 二十九 号。
Jīntiān（shì） jĭ yuè jĭ hào? Bāyuè èrshijiŭ hào.
今日は何月何日ですか。 8月29日です。

今天（是）星期 几？ — 星期三。
Jīntiān（shì） xīngqī jĭ? Xīngqīsān.
今日は何曜日ですか。 水曜日です。

现在（是）几 点？ — 七 点 半。
Xiànzài（shì） jĭ diăn? Qī diăn bàn.
今は何時ですか。 七時半です。

✤ 時を表す文では "是" が省略されることが多い。但し、否定の場合は "不是" を用います。

即練習2 下線部を①〜③に置き換えて練習してみましょう。

(1) 明天 是 林 香 的 生日。 ① 今天 ② 星期二 ③ 二十八 号
Míngtiān shì Lín Xiāng de shēngri. jīntiān xīngqī'èr èrshibā hào

(2) 今天（是）星期六。 ① 星期五 ② 二号 ③ 五月二十号
Jīntiān（shì） xīngqīliù. xīngqīwŭ èrhào wŭyuèèrshihào

(3) 现在（是）十一 点 三刻。 ① 七 点 一刻 ② 十二 点 ③ 下午 三 点 半
Xiànzài（shì） shíyī diăn sānkè. qī diăn yíkè shí'èr diăn xiàwŭ sān diăn bàn

*生日：誕生日

 62

POINT 2 「動作の時点」を表す表現

1) 肯定文 **主語＋時を表す語＋述語** ……は（時）〜

我们 下午 去 豫园。
Wŏmen xiàwŭ qù Yùyuán.
私たちは午後豫園に行きます。

中村 昨天 吃 小笼包 了。
Zhōngcūn zuótiān chī xiăolóngbāo le.
中村君は昨日小籠包を食べました。

我 晚上 在 宿舍。
Wǒ wǎnshang zài sùshè.
私は夜寮にいます。

他们 星期一 有 汉语 课。
Tāmen xīngqīyī yǒu Hànyǔ kè.
彼らは月曜日に中国語の授業があります。

2) **否定文** 主語＋時を表す語＋不／没（有）＋述語 ……は（時）～ない／なかった

我们 下午 不 去 豫园。
Wǒmen xiàwǔ bú qù Yùyuán.
私たちは午後豫園に行きません。

中村 昨天 没（有）吃 小笼包。
Zhōngcūn zuótiān méi (you) chī xiǎolóngbāo.
中村君は昨日小籠包を食べませんでした。

我 晚上 不 在 宿舍。
Wǒ wǎnshang bú zài sùshè.
私は夜寮にいません。

他们 星期一 没（有）汉语 课。
Tāmen xīngqīyī méi (yǒu) Hànyǔ kè.
彼らは月曜日に中国語の授業がありません。

3) **疑問文** 主語＋時を表す語＋述語＋吗？ ……は（時）～か
主語＋什么时候＋述語 ……は（いつ）～か

你们 下午 去 豫园 吗？
Nǐmen xiàwǔ qù Yùyuán ma?
あなたたちは午後豫園に行きますか。

中村 昨天 吃 小笼包 了 吗？
Zhōngcūn zuótiān chī xiǎolóngbāo le ma?
中村君は昨日小籠包を食べましたか。

你 晚上 在 宿舍 吗？
Nǐ wǎnshang zài sùshè ma?
あなたは夜寮にいますか。

他们 星期一 有 汉语 课 吗？
Tāmen xīngqīyī yǒu Hànyǔ kè ma?
彼らは月曜日に中国語の授業がありますか。

你们 什么 时候 去 豫园？
Nǐmen shénme shíhou qù Yùyuán?
あなたたちはいつ豫園に行きますか。

中村 什么 时候 吃 小笼包 了？
Zhōngcūn shénme shíhou chī xiǎolóngbāo le?
中村君はいつ小籠包を食べましたか。

你 什么 时候 在 宿舍？
Nǐ shénme shíhou zài sùshè?
あなたはいつ寮にいますか。

他们 什么 时候 有 汉语 课？
Tāmen shénme shíhou yǒu Hànyǔ kè?
彼らはいつ中国語の授業がありますか。

即練習３ 音声を聞いて、質問文を書き取り、さらに中国語で答えましょう。 63

(1) .... 答 ....
(2) .... 答 ....
(3) .... 答 ....
(4) .... 答 ....

练习

1 次の日本語を中国語に訳し、さらにピンインで書きましょう。

(1) 今日は何月何日ですか。

(2) 私たちはいつ上海に行きますか。

(3) 午後は授業がありません。

(4) 滴滴車は12時半に来ます。

2 次の日付・時刻を中国語で書きましょう。

(1) 12月3日　(2) 日曜日　(3) どの年

(4) 一昨年　(5) 何月　(6) 朝

(7) 何曜日　(8) 毎日　(9) 3時15分

3 次の質問に肯定形と否定形で答えましょう。

(1) 今天 是 六月 十号 吗？
Jīntiān shì liùyuè shíhào ma?

(2) 你 十 点 在 图书馆 吗？
Nǐ shí diǎn zài túshūguǎn ma?

(3) 你们 明天 有 汉语 课 吗？
Nǐmen míngtiān yǒu Hànyǔ kè ma?

(4) 她 星期五 去 中国 了 吗？
Tā xīngqīwǔ qù Zhōngguó le ma?

4 日本語の文に合うように単語を並べ換えましょう。

⑴ 中国語の先生はいつ日本に来ますか？　日本　老师　来　汉语　什么时候　？

⑵ 私たちは昼図書館に行きませんでした。　中午　图书馆　没有　我们　去　。

5 次のレストランでの会話を完成しましょう。

♣南翔饅頭店・小籠包

A: 你想吃什么？

B: 我想吃 ＿＿＿＿＿＿ 和 ＿＿＿＿＿＿。

A: 这儿的 ＿＿＿＿＿＿ 很有名，你想吃吗？

B: 想吃。

A: 那么，我们就点 ＿＿＿＿＿＿ 吧。

B: 好，我们 ＿＿＿＿＿＿ 大饱口福。

第6课

第7课 Dì qī kè

支付宝
Zhī fù bǎo

课文 ♣南翔饅頭店の出口

65

中村：林 香，你 刚才 付 钱 了 吗？
Lín Xiāng, nǐ gāngcái fù qián le ma?

林香：什么 钱？小笼包 的 钱 吗？付 了 呀。
Shénme qián? Xiǎolóngbāo de qián ma? Fù le ya.

饭钱 一定 得 付 啊。
Fànqián yīdìng děi fù a.

中村：付 了 吗？我 怎么 没有 看见？
Fù le ma? Wǒ zěnme méiyou kànjiàn?

林香：我 用 支付宝 了。扫码支付。只 用 了
Wǒ yòng Zhīfùbǎo le. Sǎomǎzhīfù. Zhǐ yòng le

1 秒钟。你 的 眼里 只有 美女 店员
yì miǎozhōng. Nǐ de yǎnli zhǐyǒu měinǚ diànyuán

姐姐，所以 看不见。
jiějie, suǒyǐ kànbujiàn.

中村：对 不 起，我 错怪 你 了。
Duì bu qǐ, wǒ cuòguài nǐ le.

林香：没关系，不知者 无罪。我们 吃 了 半个小时
Méiguānxi, bùzhīzhě wúzuì. Wǒmen chī le bàngexiǎoshí

小笼包，还 有 时间，去 菜场 买 东西 吧。
xiǎolóngbāo, hái yǒu shíjiān, qù càichǎng mǎi dōngxi ba.

菜场 的 大叔 和 大妈 都 用 支付宝。
Càichǎng de dàshū hé dàmā dōu yòng Zhīfùbǎo.

即練習 1　本文を日本語に訳してみましょう。

生词

64

1. 支付宝 Zhīfùbǎo 名 アリペイ
2. 刚才 gāngcái 名 先ほど
3. 付 fù 動（お金を）払う、支出する
4. 钱 qián 名 金、代金
5. 呀 ya 助 文末に用いて肯定の意を表す
6. 饭钱 fànqián 名 食事代金
7. 一定 yīdìng 副 必ず、絶対に
8. 得 děi 助動 ～しなければならない
9. 怎么 zěnme
   代 なぜ、どうして、どのように
10. 看见 kànjiàn 動 見える、目に入る
11. 扫码支付 sǎomǎzhīfù
    QR コードをスキャンして支払い
12. 只 zhǐ 副 ただ、～だけ、～しかない
13. 秒钟 miǎozhōng 名 ～秒間
14. 眼 yǎn 名 目
15. 美女 měinǚ 名 美女、若い美しい女性
16. 店员 diànyuán 名 店員
17. 姐姐 jiějie 名 お姉さん、姉
18. 所以 suǒyǐ 接 従って、だから
19. 看不见 kànbujiàn
    動 見えない、目に入れない
20. 对不起 duìbuqǐ 動 慣 すみません
21. 错怪 cuòguài 誤って人を責める
22. 没关系 méiguānxi
    かまわない、大丈夫です
23. 不知者无罪 bùzhīzhě wúzuì
    事実の不知は罰せず
24. 半个小时 bàngexiǎoshí 名 30 分間
25. 时间 shíjiān 名 時間
26. 菜场 càichǎng 名 市場
27. 买东西 mǎi dōngxi 買い物をする
28. 大叔 dàshū 名 おじさん
29. 大妈 dàmā 名 おばさん

语法

66

POINT 1 連動文

1) **肯定文** 　**主語＋来／去（＋場所)＋動詞（＋目的語)**　（……へ）～しに来る／行く

他们 来 旅游。
Tāmen lái lǚyóu.
彼らは旅行に来ます。

我 去 商店 买 东西。
Wǒ qù shāngdiàn mǎi dōngxi.
私は店へ買い物に行きます。

2) **否定文** 　**主語＋不＋来／去（＋場所)＋動詞（＋目的語)**　（……へ）～しに来ない／行かない

他们 不 来 旅游。
Tāmen bù lái lǚyóu.
彼らは旅行に来ません。

我 不 去 商店 买 东西。
Wǒ bú qù shāngdiàn mǎi dōngxi.
私は店へ買い物に行きません。

3) **疑問文** 　**主語＋来／去（＋場所）＋動詞（＋目的語）＋吗？**　（……へ）～しに来るか／行くか

他们 来 旅游 吗？
Tāmen lái lǚyóu ma?
彼らは旅行に来ますか。

你 去 商店 买 东西 吗？
Nǐ qù shāngdiàn mǎi dōngxi ma?
あなたは店へ買い物に行きますか。

❖ 連動文とは、述語に動詞や「動詞＋目的語」が2つ以上並んでいる文を言います。動詞は動作の行われる順に並べます。

＊旅游：旅行する　＊商店：店

67

POINT 2 助動詞“得”

1) **肯定文** 主語＋得＋動詞（＋目的語） ……は～しなければならない

我 得 上 课。
Wǒ děi shàng kè.
私は授業に出なければなりません。

他 得 付 钱。
Tā děi fù qián.
彼はお金を支払わなければなりません。

2) **否定文** 主語＋不用＋動詞（＋目的語） ……は～必要はない

我 不用 上 课。
Wǒ búyòng shàng kè.
私は授業に出る必要はありません。

他 不用 付 钱。
Tā búyòng fù qián.
彼はお金を支払う必要はありません。

3) **疑問文** 主語＋得＋動詞（＋目的語）＋吗？ ……は～しなければならないか

你 得 上 课 吗？
Nǐ děi shàng kè ma?
あなたは授業に出なければなりませんか。

他 得 付 钱 吗？
Tā děi fù qián ma?
彼はお金を支払わなければなりませんか。

*上课：授業に出る、授業をする、授業が始まる

即練習2 下線部を①～③に置き換えて練習してみましょう。

(1) 我 得 学习。
Wǒ děi xuéxí.
① 打 工 dǎ gōng　② 上 课 shàng kè　③ 下 车 xià chē

(2) 他们 去 买 东西 吗？
Tāmen qù mǎi dōngxi ma?
① 旅游 lǚyóu　② 上 学 shàng xué　③ 学习 xuéxí

(3) 林 香 来 快餐店 打 工。
Lín Xiāng lái kuàicāndiàn dǎ gōng.
① 图书馆 túshūguǎn　② 商店 shāngdiàn　③ 便利店 biànlìdiàn

*上学：通学する　*便利店：コンビニエンスストア　*快餐店：ファーストフード店
*打工：アルバイト（をする）

68

POINT 3 「時間幅」を表す語

一 分钟	两 个 小时	三 天	四 个 星期	五 个 月	六 年
yì fēnzhōng	liǎng ge xiǎoshí	sān tiān	sì ge xīngqī	wǔ ge yuè	liù nián
1分間	2時間	3日間	4週間	5か月	6年間
几 分钟	几 个 小时	几 天	几 个 星期	几 个 月	几 年
jǐ fēnzhōng	jǐ ge xiǎoshí	jǐ tiān	jǐ ge xīngqī	jǐ ge yuè	jǐ nián
何分間	何時間	何日間	何週間	何か月	何年間

1) **肯定文** 主語＋動詞＋時間幅 （＋目的語） どの位の間～する

他们 学习 两 年。
Tāmen xuéxí liǎng nián.
彼らは2年間勉強します。

我 看 了 三 个 小时 电视。
Wǒ kàn le sān ge xiǎoshí diànshì.
私はテレビを3時間見ました。

2) **否定文** 主語＋不／没(有)＋動詞＋時間幅 （＋目的語） どの位の間～しない

他们 不 学习 两 年。
Tāmen bù xuéxí liǎng nián.
彼らは2年間勉強しません。

我 没（有）看 三 个 小时 电视。
Wǒ méi (you) kàn sān ge xiǎoshí diànshì.
私はテレビを3時間見ませんでした。

3) **疑問文** 主語＋動詞＋時間幅（＋目的語）＋吗？ どの位の間～するか

他们 学习 两 年 吗？
Tāmen xuéxí liǎng nián ma?
彼らは2年間勉強しますか。

你 看 了 三 个 小时 电视 吗？
Nǐ kàn le sān ge xiǎoshí diànshì ma?
あなたはテレビを3時間見ましたか。

主語＋動詞＋時間幅の疑問詞 （＋目的語)？ どの位の間～するか

他们 学习 几 年？
Tāmen xuéxí jǐ nián?
彼らは何年間勉強しますか。

你 看 了 几 个 小时 电视？
Nǐ kàn le jǐ ge xiǎoshí diànshì?
あなたはテレビを何時間見ましたか。

*电视：テレビ

69

POINT 4 疑問代詞“怎么”

怎么＋動詞／形容詞 なぜ～、どうして～

她 怎么 来 了？
Tā zěnme lái le?
彼女はなぜ来たのですか。

她 怎么 不 来？
Tā zěnme bù lái?
彼女はなぜ来ないのですか。

她 怎么 没（有）来？
Tā zěnme méi (you) lái?
彼女はなぜ来なかったのですか。

原因・理由を問う場合、“怎么”を用いる。

即練習3 音声を聞いて、質問文を書き取り、さらに中国語で答えましょう。 70

(1) ………… 答 …………
(2) ………… 答 …………
(3) ………… 答 …………
(4) ………… 答 …………

练习

1 次の日本語を中国語に訳し、さらにピンインで書きましょう。

(1) 私は勉強しなければなりません。

(2) 彼女は午後アルバイトに行きます。

(3) あなたは来る必要はありませんか。

(4) 彼らはタクシーを1時間乗りました。

2 次の日本語になるよう、(　)に動詞を入れて、連動文を完成させましょう。

(1) 林香は日本に勉強に来ます。

林　香（　　）日本（　　）。
Lín Xiāng Rìběn .

(2) 彼女らは豫園に小籠包を食べに行きます。

她们（　　）豫园（　　）小笼包。
Tāmen Yùyuán xiǎolóngbāo.

(3) 私の母は店に買い物に行きます。

我 妈妈（　　）商店（　　）东西。
Wǒ māma shāngdiàn dōngxi.

3 次の質問に肯定形と否定形で答えましょう。

(1) 管理员 得 打扫 宿舍 吗？
Guǎnlǐyuán dě dǎsǎo sùshè ma?

(2) 你 用 了 十 分钟 电脑 吗？
Nǐ yòng le shí fēnzhōng diànnǎo ma?

4 日本語の文に合うように単語を並べ換えましょう。

(1) 私は来年中国へ留学に行きます。　　中国　留学　我　明年　去　。

(2) 私は英語の雑誌を借りる必要はありません。　　不用　英语　我　杂志　借　。

＊留学する：留学

5 次のアリペイに関する会話を完成しましょう。

♣市場での支払いもアリペイ

A: 你 ＿＿＿＿ 用支付宝了？

B: 现在中国人都用 ＿＿＿＿。我用了 ＿＿＿＿ 年。

A: ＿＿＿＿ 菜场买东西也用 ＿＿＿＿ 吗？

B: 用，＿＿＿＿ 买东西都用支付宝。

A: ＿＿＿＿ 了。我今天 ＿＿＿＿ 下载支付宝。

第7课

第8课 人民公园相亲角
Dì bā kè Rénmín Gōngyuán Xiāngqīnjiǎo

课文 ♣人民公園お見合いコーナー

72

中村：上海人 在 这儿 相亲 吗？怎么 都 是 大叔 和 大妈？怎么 没有 小哥哥 和 小姐姐？
Shànghǎirén zài zhèr xiāngqīn ma? Zěnme dōu shì dàshū hé dàmā? Zěnme méiyǒu xiǎogēge hé xiǎojiějie?

林香：相亲角 的 主角 是 这些 大叔 和 大妈。你 看 地上 的 伞。伞面上 有 纸 吗？
Xiāngqīnjiǎo de zhǔjué shì zhèxiē dàshū hé dàmā. Nǐ kàn dìshang de sǎn. Sǎnmiànshàng yǒu zhǐ ma?

中村：有。我 正在 看 呢。
Yǒu. Wǒ zhèngzài kàn ne.

林香：都 写 了 一些 什么？
Dōu xiě le yìxiē shénme?

中村：性别、年龄、身高、学历、职业、收入……。
Xìngbié、niánlíng、shēngāo、xuélì、zhíyè、shōurù …… .

林香：都 是 他们 儿女 的 信息。父母 先 谈谈，觉得 好，再 安排 小哥哥 和 小姐姐 见面。中国 的 父母 操心 不 操心？
Dōu shì tāmen érnǚ de xìnxī. Fùmǔ xiān tántan, juéde hǎo, zài ānpái xiǎogēge hé xiǎojiějie jiànmiàn. Zhōngguó de fùmǔ cāoxīn bu cāoxīn?

中村：太 操心 了。
Tài cāoxīn le.

即練習1 本文を日本語に訳してみましょう。

生 词

71

1. 人民公园 Rénmín Gōngyuán 名 人民公園
2. 相亲 xiāngqīn 動 見合いをする
3. 角 jiǎo 名 隅、角、コーナー
4. 上海人 Shànghǎirén 名 上海人
5. 小哥哥 xiǎogēge
   名 若い格好いい男性に対する呼称
6. 小姐姐 xiǎojiějie
   名 若い可愛い女性に対する呼称
7. 主角 zhǔjué 名 主役
8. 这些 zhèxiē 代 これら
9. 地上 dìshang 名 地面、地べた
10. 伞 sǎn 名 傘
11. 伞面 sǎnmiàn 名 傘の表面、傘の表
12. ～上 shàng 名 ～の上
13. 纸 zhǐ 名 紙
14. 正在～呢 zhèngzài ～ ne
    副 ちょうど～しているところだ
15. 写 xiě 動 書く
16. 一些 yìxiē 数量 いくつかの、少し
17. 性别 xìngbié 名 性別
18. 年龄 niánlíng 名 年齢、年
19. 身高 shēngāo 名 身長、身丈
20. 学历 xuélì 名 学歴
21. 职业 zhíyè 名 職業
22. 收入 shōurù 名 収入
23. 他们 tāmen 代 彼ら
24. 儿女 érnǚ 名 子女、息子と娘、子供
25. 信息 xìnxī 名 データ、情報、資料
26. 父母 fùmǔ 名 父母、両親、父と母
27. 先 xiān 副 先に、事前に、まず
28. 谈 tán 動 話す、話し合う
29. 觉得 juéde 動 ～と思う、感じる
30. 再 zài 副 それから、再び
31. 安排 ānpái 動 手配する
32. 见面 jiànmiàn 動 顔を合わせる
33. 操心 cāoxīn 動 心を煩わす、心配する

语 法

73

POINT 1 前置詞 "在"

1) **肯定文** 主語＋在＋場所＋述語 ……は(場所)で / に～

他 在 公园 休息。
Tā zài gōngyuán xiūxi.
彼は公園で休憩しています。

林 香 在 上海 住。
Lín Xiāng zài Shànghǎi zhù.
林香さんは上海に住んでいます。

2) **否定文** 主語＋不在＋場所＋述語 ……は（場所）で / に～ない

他 不 在 公园 休息。
Tā bú zài gōngyuán xiūxi.
彼は公園で休憩していません。

林 香 不 在 上海 住。
Lín Xiāng bú zài Shànghǎi zhù.
林香さんは上海に住んでいません。

3) **疑問文** 主語＋在＋場所＋述語＋吗？ ……は（場所）で / に～か

他 在 公园 休息 吗？
Tā zài gōngyuán xiūxi ma?
彼は公園で休憩していますか。

林 香 在 上海 住 吗？
Lín Xiāng zài Shànghǎi zhù ma?
林香さんは上海に住んでいますか。

主語＋在＋哪儿＋述語？　……はどこで / に～か

他 在 哪儿 休息？
Tā zài nǎr xiūxi?
彼はどこで休憩していますか。

林 香 在 哪儿 住？
Lín Xiāng zài nǎr zhù?
林香さんはどこに住んでいますか。

*休息：休憩する、休む

74

反復疑問文　肯定＋否定

方便 不 方便？
Fāngbiàn bu fāngbiàn?
便利ですか。

"吗" 疑問文

方便 吗？
Fāngbiàn ma?
便利ですか。

你 去 不 去 公园？
Nǐ qù bu qù gōngyuán?
あなたは公園に行きますか。

你 去 公园 吗？
Nǐ qù gōngyuán ma?
あなたは公園に行きますか。

❖ 目的語がある場合、次のような言い方もできます。

你 去 公园 不 去？
Nǐ qù gōngyuán bu qù?
あなたは公園に行きますか。

❖ 文末に"吗"をつけません。

❖ "不 bù"は「～不～」の場合は軽声 "bu" になります。

即練習２　下線部を①～③に置き換えて練習してみましょう。

(1) 她 在 教室 学习 汉语。
Tā zài jiàoshì xuéxí Hànyǔ.
① 宿舍 sùshè　② 中国 Zhōngguó　③ 图书馆 túshūguǎn

(2) 中村 在 留学生 宿舍 住。
Zhōngcūn zài liúxuéshēng sùshè zhù.
① 2 号 房间 èr hào fángjiān　② 日本 Rìběn　③ 上海 Shànghǎi

(3) 林 香 在 快餐店 打 工。
Lín Xiāng zài kuàicāndiàn dǎ gōng.
① 公司 gōngsī　② 商店 shāngdiàn　③ 便利店 biànlìdiàn

75

「進行」を表す "在～(呢)" "正在～(呢)"

1) 肯定文

主語＋在＋動詞（＋目的語）（＋呢）　～している

主語＋正在＋動詞（＋目的語）（＋呢）　ちょうど～しているところだ

我 在 看 小说。
Wǒ zài kàn xiǎoshuō.
私は小説を読んでいます。

我 看 小说 呢。
Wǒ kàn xiǎoshuō ne.
私は小説を読んでいます。

我 在 看 小说 呢。
Wǒ zài kàn xiǎoshuō ne.
私は小説を読んでいます。

❖ “在”、“呢”のいずれか一方を用いるだけでもよいです。

我 正在 看 小说（呢）。
Wǒ zhèngzài kàn xiǎoshuō (ne).
私はちょうど小説を読んでいるところです。

我 正在 听 音乐（呢）。
Wǒ zhèngzài tīng yīnyuè (ne).
私はちょうど音楽を聴いているところです。

2) **否定文** 主語＋没(有)(在)＋動詞(＋目的語) ～していない

我 没(有)(在) 看 小说。
Wǒ méi(you) (zài) kàn xiǎoshuō.
私は小説を読んでいません。

我 没(有)(在) 听 音乐。
Wǒ méi(you) (zài) tīng yīnyuè.
私は音楽を聴いていません。

3) **疑問文** 主語＋在＋動詞(＋目的語)＋吗？ ～しているか
主語＋正在＋動詞(＋目的語)＋吗？ ちょうど～しているところか

你 在 看 小说 吗？
Nǐ zài kàn xiǎoshuō ma?
あなたは小説を読んでいますか。

你 正在 看 小说 吗？
Nǐ zhèngzài kàn xiǎoshuō ma?
あなたはちょうど小説を読んでいるところですか。

主語＋在＋動詞＋什么(＋呢)？ 何をしているか
主語＋正在＋動詞＋什么(＋呢)？ ちょうど何をしているところか

你 在 看 什么(呢)？
Nǐ zài kàn shénme (ne)?
あなたは何を読んでいますか。

你 正在 看 什么（呢)？
Nǐ zhèngzài kàn shénme (ne)?
あなたはちょうど何を読んでいるところですか。

＊小说：小説 ＊听：聴く、聞く

76

POINT 4 動詞の重ね型 動詞(＋一)＋同じ動詞 ……ちょっと～する

看 → 看(一)看
kàn kàn(yi)kan
ちょっと見る

试 → 试(一)试
shì shì(yi)shi
ちょっと試す

休息 → 休息休息
xiūxi xiūxixiuxi
ちょっと休む

❖ 1音節の動詞は間に“一”を挟むこともあります。

即練習3 音声を聞いて、質問文を書き取り、さらに中国語で答えましょう。 77

(1) ＿＿＿＿＿＿ 答 ＿＿＿＿＿＿

(2) ＿＿＿＿＿＿ 答 ＿＿＿＿＿＿

(3) ＿＿＿＿＿＿ 答 ＿＿＿＿＿＿

(4) ＿＿＿＿＿＿ 答 ＿＿＿＿＿＿

练习

1 次の日本語を中国語に訳し、さらにピンインで書きましょう。

(1) 彼はどこでテレビを見ていますか。

(2) 公園にちょっと休憩に行きましょう。

(3) 私はちょうど雑誌を見ているところです。

(4) あなたは上海に来ますか。

2 次の文を、"在～呢"を使って進行を表す文にしましょう。

(1) 我们 听 音乐。
Wǒmen tīng yīnyuè.

(2) 管理员 打扫 房间。
Guǎnlǐyuán dǎsǎo fángjiān.

(3) 我 学习 汉语。
Wǒ xuéxí Hànyǔ.

(4) 父母 安排 小哥哥 和 小姐姐 见面。
Fùmǔ ānpái xiǎogēge hé xiǎojiějie jiànmiàn.

3 次の質問に肯定形と否定形で答えましょう。

(1) 她 正在 看 信息 吗?
Tā zhèngzài kàn xìnxī ma?

(2) 中村 在 上海 学习 汉语 吗?
Zhōngcūn zài Shànghǎi xuéxí Hàngyǔ ma?

4 日本語の文に合うように単語を並べ換えましょう。

(1) 上海に行きますか。　上海　你　不　去　去　？

(2) あなたは何を聴いていますか。　你　呢　什么　听　在　？

5 次の人民公園お見合いコーナーに関する会話を完成しましょう。

♣人民公園お見合いコーナー

A: 上海人在哪儿相亲？

B: 在 ________ 相亲。

A: 那儿每天都有 ________ 吗？

B: 没有。小哥哥和小姐姐不去 ________。

小哥哥和小姐姐的父母在那儿 ________，

觉得好，________。

A: 中国的父母太操心了！

B: 可怜天下父母心！

*可怜天下父母心：可哀そうな世の親心

第 9 课 Dì jiǔ kè

广场 舞
Guǎngchǎng wǔ

课文 ♣人民公園お見合いコーナー

79

林香：你 听说过 广场 舞 吗？
Nǐ tīngshuōguo guǎngchǎng wǔ ma?

中村：听说过。日本 的 电视台 报道过。
Tīngshuōguo. Rìběn de diànshìtái bàodàoguo.

林香：已经 扬名 海外 啦！公园 前面 的 广场 就 有。跟 我 一起 去 看看 吧。
Yǐjing yángmíng hǎiwài la! Gōngyuán qiánmian de guǎngchǎng jiù yǒu. Gēn wǒ yìqǐ qù kànkan ba.

中村：好，去 看看。
Hǎo, qù kànkan.

♣人民公園広場

中村：人 真 多。大妈们 跳得 很 好，很 开心。
Rén zhēn duō. Dàmāmen tiàode hěn hǎo, hěn kāixīn.

林香：她们 每天 来 跳 广场 舞，个个儿 舞技 超群。英国 的 憨豆 先生 都 自叹 不如。
Tāmen měitiān lái tiào guǎngchǎng wǔ, gègèr wǔjì chāoqún. Yīngguó de Hāndòu xiānsheng dōu zìtàn bùrú.

中村：左侧 广场 的 大叔 和 大妈 在 跳 什么 舞？
Zuǒcè guǎngchǎng de dàshū hé dàmā zài tiào shénme wǔ?

林香：他们 在 做 广场 健身操。
Tāmen zài zuò guǎngchǎng jiànshēncāo.

即練習 1 本文を日本語に訳してみましょう。

生词

78

1 广场 guǎngchǎng 名 広場
2 舞 wǔ 名 踊る、ダンス
3 广场舞 guǎngchǎng wǔ 名 広場ダンス
4 听说 tīngshuō 動 聞くところによれば
聞いている
5 ～过 guo 助 ～したことがある
6 电视台 diànshìtái 名 テレビ放送局
7 报道 bàodào 動 報道する
8 已经 yǐjing 副 すでに、もう
9 扬名 yángmíng 動 名をあげる
10 海外 hǎiwài 名 海外、国外
11 啦 la 助 文末に用いて感嘆の意を表す
12 跟 gēn 前 ～と
13 一起 yìqǐ 副 一緒に
14 人 rén 名 人
15 们 men「接尾」～たち
16 跳 tiào 動 踊る、跳ぶ
17 得 de 助 程度補語を導く
18 开心 kāixīn 形 楽しい、愉快である
19 她们 tāmen 代 彼女ら
20 个个儿 gègèr みな、一人一人、それぞれ
21 舞技 wǔjì 名 踊るのテクニック
22 超群 chāoqún 形 抜群である
23 英国 Yīngguó 名 イギリス、英国
24 憨豆先生 Hāndòu xiānsheng
名 Mr. ビーン（人名）
25 自叹不如 zìtàn bùrú
成 自分が及ばないと嘆く
26 左侧 zuǒcè 方 左側、左の方
27 做 zuò 名 する、やる
28 健身操 jiànshēncāo 名 健康体操

语法

80

POINT 1 「経験」を表す助詞“过”

1) **肯定文** 主語＋動詞＋过（＋目的語） ～したことがある

他 来过。
Tā láiguo.
彼は来たことがあります。

我 吃过 小笼包。
Wǒ chīguo xiǎolóngbāo.
私は小籠包を食べたことがあります。

2) **否定文** 主語＋没(有)＋動詞＋过（＋目的語） ～したことがない

他 没（有）来过。
Tā méi (you) láiguo.
彼は来たことがありません。

我 没（有）吃过 小笼包。
Wǒ méi (you) chīguo xiǎolóngbāo.
私は小籠包を食べたことがありません。

3) **疑問文** 主語＋動詞＋过（＋目的語）＋吗 / 没有？ ～したことがあるか

他 来过 吗？
Tā láiguo ma?
彼は来たことがありますか。

你 吃过 小笼包 吗？
Nǐ chīguo xiǎolóngbāo ma?
あなたは小籠包を食べたことがありますか。

他 来过 没有？
Tā láiguo méiyou?
彼は来たことがありますか。

你 吃过 小笼包 没有？
Nǐ chīguo xiǎolóngbāo méiyou?
あなたは小籠包を食べたことがありますか。

81

POINT 2 前置詞“跟”

1) **肯定文** 跟＋人(＋一起)＋動詞（＋目的語） ～と（一緒に）……する

我 跟 老师 一起 去。
Wǒ gēn lǎoshī yìqǐ qù.
私は先生と一緒に行きます。

她 跟 我们 一起 学习 汉语。
Tā gēn wǒmen yìqǐ xuéxí Hànyǔ.
彼女は私たちと一緒に中国語を勉強します。

2) **否定文** 不＋跟＋人(＋一起)＋動詞（＋目的語） ～と（一緒に）……しない

我 不 跟 老师 一起 去。
Wǒ bù gēn lǎoshī yìqǐ qù.
私は先生と一緒に行きません。

她 不 跟 我们 一起 学习 汉语。
Tā bù gēn wǒmen yìqǐ xuéxí Hànyǔ.
彼女は私たちと一緒に中国語を勉強しません。

3) **疑問文** 跟＋人（＋一起）＋動詞（＋目的語）＋吗？ ～と（一緒に）……するか

你 跟 老师 一起 去 吗？
Nǐ gēn lǎoshī yìqǐ qù ma?
あなたは先生と一緒に行きますか。

她 跟 我们 一起 学习 汉语 吗？
Tā gēn wǒmen yìqǐ xuéxí Hànyǔ ma?
彼女は私たちと一緒に中国語を勉強しますか。

即練習2 下線部を①～③に置き換えて練習してみましょう。

(1) 我 去过 人民 公园。
Wǒ qùguo Rénmín Gōngyuán.
① 上海 Shànghǎi ② 中国 Zhōngguó ③ 豫园 Yùyuán

(2) 他 跟 我们 一起 学习。
Tā gēn wǒmen yìqǐ xuéxí.
① 打扫 dǎsǎo ② 休息 xiūxi ③ 打工 dǎgōng

(3) 妈妈 跳过 广场 舞。
Māma tiàoguo guǎngchǎng wǔ.
① 听说 tīngshuō ② 看 kàn ③ 学习 xuéxí

82

POINT 3 「動作の程度」を表す補語

1) **肯定文** 主語＋動詞＋得＋形容詞 ～するのがどのようだ

他 说得 很 快。
Tā shuōde hěn kuài.
彼は話すのがとても速いです。

她 唱得 很 好。
Tā chàngde hěn hǎo.
彼女は歌うのがとてもうまいです。

2) **否定文** 主語＋動詞＋得＋不＋形容詞

他 说得 不 快。
Tā shuōde bú kuài.
彼は話すのが速くありません。

她 唱得 不 好。
Tā chàngde bù hǎo.
彼女は歌うのがうまくありません。

3) **疑問文**

主語＋動詞＋得＋形容詞＋吗？
主語＋動詞＋得＋反復疑問文？

～するのがどのようか

他 说得 快 吗？
Tā shuōde kuài ma?
彼は話すのが速いですか。

她 唱得 好 吗？
Tā chàngde hǎo ma?
彼女は歌うのがうまいですか。

他 说得 快 不 快？
Tā shuōde kuài bu kuài?
彼は話すのが速いですか。

她 唱得 好 不 好？
Tā chàngde hǎo bu hǎo?
彼女は歌うのがうまいですか。

目的語をともなう時は、次の語順になります。

主語（＋動詞）＋目的語＋同じ動詞＋得＋形容詞

～をするのがどのようだ

肯定文 他 说 英语 说得 很 快。
Tā shuō Yīngyǔ shuōde hěn kuài.
彼は英語を話すのがとても速いです。

她 歌 唱得 很 好。
Tā gē chàngde hěn hǎo.
彼女は歌を歌うのがとてもうまいです。

否定文 他 英语 说得 不 快。
Tā Yīngyǔ shuōde bú kuài.
彼は英語を話すのが速くありません。

她 唱 歌 唱得 不 好。
Tā chàng gē chàngde bù hǎo.
彼女は歌を歌うのがうまくありません。

疑問文 他 说 英语 说得 快 吗？
Tā shuō Yīngyǔ shuōde kuài ma?
彼は英語を話すのが速いですか。

她 歌 唱得 好 不 好？
Tā gē chàngde hǎo bu hǎo?
彼女は歌を歌うのがうまいですか。

*说：話す　*唱：歌う　*歌：歌　*快：速い

即練習3 音声を聞いて、質問文を書き取り、さらに中国語で答えましょう。 83

(1) ________________ 答 ________________

(2) ________________ 答 ________________

(3) ________________ 答 ________________

(4) ________________ 答 ________________

练习

1 次の日本語を中国語に訳し、さらにピンインで書きましょう。

(1) 私は同級生と一緒に上海に行きます。

(2) 彼は強生タクシーに乗ったことがあります。

(3) あなたはゆうべよく休めましたか。

(4) 彼女は中国語を話すのが上手ですか。

2 正しい方を選び、日本語に訳しましょう。

(1) 她 没有 去（a. 了　b. 过 ）上海。
Tā méiyou qù le guo Shànghǎi.

(2) 中村 去 上海 （a. 了　b. 过）。
Zhōngcūn qù Shànghǎi le guo

(3) 我们（a. 在　b. 跟）学校 一起 学习 汉语。
Wǒmen zài gēn xuéxiào yìqǐ xuéxí Hànyǔ.

(4) 我（a. 在　b. 跟 ）他们 一起 学习 汉语。
Wǒ zài gēn tāmen yìqǐ xuéxí Hànyǔ.

*学校：学校

3 次の語句を正しい語順に並び替え、日本語に訳しましょう。

(1) 很 好 中国 唱 歌 她 得 。

(2) 日本 过 林香 来 吗？

4 誤りを正しましょう。

(1) 我去过看广场舞。

(2) 大叔大妈跟健身操一起做。

(3) 中村唱得很好唱中国歌。

(4) 我吃呢小笼包，你过？

5 写真を参考に、広場ダンスに関する会話を作ってみましょう。

♣広場ダンス

♣広場健康体操

第9课

第10课 Dì shí kè

上海 迪士尼 乐园
Shànghǎi Díshìní Lèyuán

课文

85

中村：去 奇幻 童话 城堡，还是 去 旋转 木马？
Qù Qíhuàn Tónghuà Chéngbǎo, háishi qù xuánzhuǎn mùmǎ?

林香：男生 都 对 奇幻 童话 城堡 感 兴趣 吧？
Nánshēng dōu duì Qíhuàn Tónghuà Chéngbǎo gǎn xìngqù ba?

中村：你 看出来 啦。
Nǐ kànchūlái la.

林香：我 也 喜欢 去 奇幻 童话 城堡。走 吧。
Wǒ yě xǐhuan qù Qíhuàn Tónghuà Chéngbǎo. Zǒu ba.

♣おどきの国の魔法のお城出口

中村：中国风 的 童话 世界 别具 一格！
Zhōngguófēng de tónghuà shìjiè biéjù yìgé!

林香：中国 的、日本 的，你 都 喜欢 吗？
Zhōngguó de、Rìběn de, nǐ dōu xǐhuan ma?

中村：都 喜欢！我 是 六年前 去 东京 迪士尼
Dōu xǐhuan! Wǒ shì liùniánqián qù Dōngjīng Díshìní

乐园 的。今天 在 上海 又 见到 米奇、
Lèyuán de. Jīntiān zài Shànghǎi yòu jiàndào Mǐqí、

唐老鸭、迪士尼 公主 ……，很 开心。
Tánglǎoyā、Díshìní gōngzhǔ ……, hěn kāixīn.

林香：我 也 很 开心。刚才 那 只 打 太极拳 的
Wǒ yě hěn kāixīn. Gāngcái nà zhī dǎ tàijíquán de

唐老鸭 太 可爱 了。
Tánglǎoyā tài kě'ài le.

即練習 1 本文を日本語に訳してみましょう。

生 词

84

1 上海迪士尼乐园 Shànghǎi Díshìní Lèyuán 名 上海ディズニーランド
2 奇幻童话城堡 Qíhuàn Tónghuà Chéngbǎo 名 おとぎの国の魔法のお城
3 还是 háishi 接 それとも
4 旋转木马 xuánzhuǎn mùmǎ 名 メリーゴーランド
5 男生 nánshēng 名 男子学生
6 感兴趣 gǎn xìngqù 興味を持つ、興味がある
7 看出来 kànchūlái 動 見分ける、見てとる、見抜く
8 喜欢 xǐhuan 動 好きである、好む
9 走 zǒu 動 行く、歩く
10 中国风 Zhōngguófēng 名 中国風味
11 童话 tónghuà 名 童話
12 别具一格 biéjù yìgé 成 独特の風格がある
13 (是)～的 (shì)～ de ～したのだ
14 六年前 liùniánqián 六年前
15 东京迪士尼乐园 Dōngjīng Díshìní Lèyuán 名 東京ディズニーランド
16 又 yòu 副 また
17 见到 jiàndào 見かける、目にする、会う
18 米奇 Mǐqí 名 ミッキー
19 唐老鸭 Tánglǎoyā 名 ドナルドダック
20 迪士尼公主 Díshìní gōngzhǔ 名 ディズニーのお姫様
21 只 zhī 量 動物を数える
22 打太极拳 dǎ tàijíquán 太極拳をする
23 可爱 kě'ài 形 可愛い

语法

86

"(是)～的" 構文

1) **肯定文** （是 ＋）時間・場所・方法など＋動詞＋的　～したのです

主题 公园 (是) 八月 开园 的。
Zhǔtí gōngyuán (shì) bāyuè kāiyuán de.
テーマパークは8月に開園したのです。

我 (是) 在 商店 买 的。
Wǒ (shì) zài shāngdiàn mǎi de.
私は店で買ったのです。

我 (是) 跟 朋友 一起 去 的。
Wǒ (shì) gēn péngyou yìqǐ qù de.
私は友人と一緒に行ったのです。

她 (是) 坐 地铁 来 的。
Tā (shì) zuò dìtiě lái de.
彼女は地下鉄で来たのです。

2) **否定文** 不是＋時間・場所・方法など＋動詞＋的　～したのではない

主题 公园 不 是 八月 开园 的。
Zhǔtí gōngyuán bú shì bāyuè kāiyuán de.
テーマパークは8月に開園したのではありません。

我 不 是 在 商店 买 的。
Wǒ bú shì zài shāngdiàn mǎi de.
私は店で買ったのではありません。

我 不 是 跟 朋友 一起 去 的。
Wǒ bú shì gēn péngyou yìqǐ qù de.
私は友人と一緒に行ったのではありません。

她 不 是 坐 地铁 来 的。
Tā bú shì zuò dìtiě lái de.
彼女は地下鉄で来たのではありません。

3) **疑問文**

（是＋）時間・場所・方法など＋動詞＋的＋吗？　～したのですか

主题　公园　（是）八月　开园　的　吗？
Zhǔtí gōngyuán（shì）　bāyuè kāiyuán de ma?
テーマパークは8月に開園したのですか。

你（是）在　商店　买　的　吗？
Nǐ　（shì）　zài shāngdiàn mǎi　de　ma?
あなたは店で買ったのですか。

你（是）跟　朋友　一起　去　的　吗？
Nǐ　（shì）gēn péngyou yìqǐ　qù　de　ma?
あなたは友人と一緒に行ったのですか。

她（是）坐　地铁　来　的　吗？
Tā　（shì）　zuò　dìtiě　lái　de　ma?
彼女は地下鉄で来たのですか。

（是＋）時間・場所・方法の疑問詞＋動詞＋的？　～したのですか

時間について　主题　公园　（是）什么　时候　开园　的？
Zhǔtí　gōngyuán（shì）shénme shíhou kāiyuán　de?
テーマパークはいつ開園したのですか。

場所について　你（是）在　哪儿　买　的？
Nǐ　（shì）　zài　nǎr　mǎi　de?
あなたはどこで買ったのですか。

方法について　你（是）跟　谁　一起　去　的？
Nǐ　（shì）　gēn shéi　yìqǐ　qù　de?
あなたは誰と一緒に行ったのですか。

她（是）怎么　来　的？
Tā　（shì）　zěnme　lái　de?
彼女はどうやって来たのですか。

❖“是～的”構文：すでに完了したことについて、「いつ・どこで・どのように」などを表す語句に重点をおいて言う表現です。“是”は省略できますが、否定文では省略できません。

*主题公园：テーマパーク　*开园：開園する　*地铁：地下鉄　*朋友：友人、友だち

即練習2　下線部を①～③に置き換えて練習してみましょう。

(1)：她　不　是　昨天　去　的。
Tā　bú　shì zuótiān qù　de.
①去年 qùnián　②星期一 xīngqīyī　③一　个　人 yí　ge　rén

(2)：我们　跟　老师　一起　来　的。
Wǒmen gēn lǎoshī　yìqǐ　lái　de.
①坐　出租车 zuò chūzūchē　②坐　地铁 zuò　dìtiě　③前天 qiántiān

(3)：你　是　在　学校　学习　的　吗？
Nǐ　shì　zài xuéxiào xuéxí　de　ma?
①上海 Shànghǎi　②教室 jiàoshì　③图书馆 túshūguǎn

87

POINT 2　選択疑問“还是”　それとも

你　喝　乌龙茶，还是　喝　可口　可乐？
Nǐ　hē wūlóngchá, háishi　hē　Kěkǒu　kělè?
あなたはウーロン茶を飲みますか、それともコカコーラを飲みますか。

POINT 3 動詞“喜欢”＋動詞（句）

1) 肯定文 喜欢＋動詞＋目的語 ～するのが好き

我 喜欢 看 小说。
Wǒ xǐhuan kàn xiǎoshuō.
私は小説を読むのが好きです。

她 喜欢 喝 咖啡。
Tā xǐhuan hē kāfēi.
彼女はコーヒーを飲むのが好きです。

2) 否定文 不喜欢＋動詞＋目的語 ～するのが好きではない

我 不 喜欢 看 小说。
Wǒ bù xǐhuan kàn xiǎoshuō.
私は小説を読むのが好きではありません。

她 不 喜欢 喝 咖啡。
Tā bù xǐhuan hē kāfēi.
彼女はコーヒーを飲むのが好きではありません。

3) 疑問文 喜欢＋動詞＋目的語＋吗？ ～するのが好きか
喜欢＋動詞＋什么？ 何をするのが好きか

你 喜欢 看 小说 吗？
Nǐ xǐhuan kàn xiǎoshuō ma?
あなたは小説を読むのが好きですか。

你 喜欢 看 什么？
Nǐ xǐhuan kàn shénme?
あなたは何を読むのが好きですか。

89

POINT 4 目的語を文頭に出す表現

米奇、迪士尼公主，我 都 喜欢。
Mǐqí、Díshìnígōngzhǔ, wǒ dōu xǐhuan.
ミッキー、ディズニーのお姫様、私はどちらも好きです。

新闻，我 每天 看。
Xīnwén, wǒ měitiān kàn.
ニュースは私は毎日見ます。

目的語を話題として取り上げる時、あるいは目的語が長い時は文頭に置きます。

90

POINT 5 前置詞“对” ～に対して

我 对 太极拳 感 兴趣。
Wǒ duì tàijíquán gǎn xìngqù.
私は太極拳に対して興味を持っています。

我 对 太极拳 不 感 兴趣。
Wǒ duì tàijíquán bù gǎn xìngqù.
私は太極拳に対して興味を持っていません。

你 对 太极拳 感 兴趣 吗？
Nǐ duì tàijíquán gǎn xìngqù ma?
あなたは太極拳に対して興味を持っていますか。

你 对 什么 感 兴趣？
Nǐ duì shénme gǎn xìngqù?
あなたは何に対して興味を持っていますか。

＊太极拳：太極拳

第10课

即練習３ 音声を聞いて、質問文を書き取り、さらに中国語で答えましょう。 

(1) ………… 答 …………

(2) ………… 答 …………

练习

1 次の日本語を中国語に訳し、さらにピンインで書きましょう。

(1) あなたはいつ来たのですか。

(2) 中国語、英語、私はどちらも勉強します。

(3) 私は上海に対して興味があります。

(4) 彼女はウーロン茶を飲むのが好きですか。

2 次の文に"喜欢"を入れて言いましょう。

(1) 我 听 民族 音乐。
Wǒ tīng mínzú yīnyuè.

(2) 你 喝 咖啡 吗？
Nǐ hē kāfēi ma?

(3) 她 看 日本 小说。
Tā kàn Rìběn xiǎoshuō

(4) 他们 唱 卡拉 OK。
Tāmen chàng kǎlā'ōukèi

*卡拉 OK：カラオケ

3 次の語句を正しい語順に並び替え、日本語に訳しましょう。

(1) 时候 是 借 什么 的 他们 ？

(2) 谁 你 是 一起 的 来 跟 ？（"你"を主語にする）

4 誤りを正しましょう。

(1) 你看日本小说喜欢，还是看中国小说喜欢。

(2) 我感兴趣对唐老鸭。

(3) 主题公园十点开园不是的。

(4) 小笼包，是你在哪儿吃的吗？

5 本文を参考に、上海ディズニーランドに関する会話を作ってみましょう。

♣上海ディズニーランド

第11课 Dì shíyī kè

外滩
Wàitān

课文

93

林香：上海 最 有名 的 夜景 景点 就 是 外滩。
Shànghǎi zuì yǒumíng de yèjǐng jǐngdiǎn jiù shì Wàitān.

黄浦江 的 这边儿 有 古老 的 欧式 建筑群，
Huángpǔjiāng de zhèbianr yǒu gǔlǎo de ōushì jiànzhùqún.

那边儿 有 现代 高层 建筑群。两岸 的
Nàbianr yǒu xiàndài gāocéng jiànzhùqún. Liǎng'àn de

灯光 五彩 斑斓，是不是 很 美？
dēngguāng wǔcǎi bānlán, shìbushì hěn měi?

中村：很 美！ 美 不 胜 收！
Hěn měi! Měi bú shèng shōu!

林香：你 会 说 成语！
Nǐ huì shuō chéngyǔ!

中村：我 会。我 能 说 很多 呢。
Wǒ huì. Wǒ néng shuō hěnduō ne.

林 香，对面 的 电视塔 是 东方 明珠 吗？
Lín Xiāng, duìmiàn de diànshìtǎ shì Dōngfāng Míngzhū ma?

林香：是，离 这儿 很 近。我们 坐 外滩 观光
Shì, lí zhèr hěn jìn. Wǒmen zuò Wàitān Guānguāng

隧道 浏览车 去 吧。从 这儿 到 东方 明珠
Suìdào Liúlǎnchē qù ba. Cóng zhèr dào Dōngfāng Míngzhū

电视塔 用不了 5 分钟。
Diànshìtǎ yòngbuliǎo wǔ fēnzhōng.

即練習 1　本文を日本語に訳してみましょう。

生词

92

1. 外滩 Wàitān 名 バンド（地名）
2. 夜景 yèjǐng 名 夜景
3. 景点 jǐngdiǎn 名 観光スポット
4. 黄浦江 Huángpǔjiāng 名 黄浦江（河川名）
5. 这边儿 zhèbianr 代 こちら、ここ
6. 古老 gǔlǎo 形 古い，歴史を持つ
7. 欧式 ōushì 名 ヨーロッパ式の
8. 建筑群 jiànzhùqún 名 建築物群
9. 那边儿 nàbianr 代 あちら、あそこ
10. 现代 xiàndài 形 近代的な
11. 高层 gāocéng 名 高層
12. 两岸 liǎng'àn 名 両岸
13. 灯光 dēngguāng 名 明かり
14. 五彩斑斓 wǔcǎi bānlán 色々な色があやなして美しい
15. 美 měi 形 美しい、綺麗である
16. 美不胜收 měi bú shèng shōu 成 素晴らしいものが多すぎて見切れない
17. 会 huì 助（習得して）～できる
18. 说 shuō 動 話す、言う
19. 成语 chéngyǔ 名 成語、ことわざ
20. 能 néng 助（条件的・能力的に）～できる
21. 对面 duìmiàn 方 向こう、真向い
22. 电视塔 diànshìtǎ 名 テレビ塔
23. 东方明珠 Dōngfāng Míngzhū 名 東方明珠（テレビ塔名）
24. 离 lí 前（2点の距離を言う時の）～から
25. 近 jìn 形 近い
26. 外滩观光隧道浏览车 Wàitān Guānguāng Suìdào Liúlǎnchē 名 バンド観光トンネル観覧車
27. 从～到～ cóng~dào~ 前 ～から～まで
28. 用不了 yòngbuliǎo かからない

语法

94

POINT 1 助動詞“能”“会”

1) 肯定文 **主語＋能＋動詞** 〈条件的・能力的に〉～することができる

她 下午 能 来。
Tā xiàwǔ néng lái.
彼女は午後に来ることができます。

他 能 看 英语 杂志。
Tā néng kàn Yīngyǔ zázhì.
彼は英語の雑誌を読むことができます。

主語＋会＋動詞 〈習得して〉～することができる

我 会 说 上海话。
Wǒ huì shuō Shànghǎihuà.
私は上海語を話すことができます。

林 香 会 唱 日本 歌。
Lín xiāng huì chàng Rìběn gē.
林香さんは日本の歌を歌うことができます。

2) 否定文 **主語＋不能＋動詞** 〈条件的・能力的に〉～することができない

她 下午 不 能 来。
Tā xiàwǔ bù néng lái.
彼女は午後に来ることができません。

他 不 能 看 英语 杂志。
Tā bù néng kàn Yīngyǔ zázhì.
彼は英語の雑誌を読むことができません。

主語＋不会＋動詞 〈習得して〉～することができない

我 不 会 说 上海话。
Wǒ bú huì shuō Shànghǎihuà.
私は上海語を話すことができません。

林 香 不 会 唱 日本 歌。
Lín xiāng bú huì chàng Rìběn gē.
林香さんは日本の歌を歌うことができません。

3) **疑問文**

主語＋能＋動詞＋吗？	〈条件的・能力的に〉～することができるか
主語＋能不能＋動詞？	

她 下午 能 来 吗?
Tā xiàwǔ néng lái ma?
彼女は午後に来ることができますか。

她 下午 能 不 能 来?
Tā xiàwǔ néng bu néng lái?
彼女は午後に来ることができますか。

主語＋会＋動詞＋吗？	〈習得して〉～することができるか
主語＋会不会＋動詞？	

你 会 说 上海话 吗？
Nǐ huì shuō Shànghǎihuà ma?
あなたは上海語を話すことができますか。

你 会 不 会 说 上海话？
Nǐ huì bu huì shuō Shànghǎihuà?
あなたは上海語を話すことができますか。

- "会"は主として技術的なもの（語学やスポーツなど）について使います。また、動詞として目的語と直接結ぶこともできます。（例）我会英语。Wǒ huì Yīngyǔ.
- 単独で「できる」「できない」と答える場合、"能""会""不能""不会"を用います。

*上海话：上海語

即練習２ 下線部を①～③に置き換えて練習してみましょう。

(1) 我 会 唱 中国 歌。
Wǒ huì chàng Zhōngguó gē.
① 日本 歌 Rìběn gē
② 英语 歌 Yīngyǔ gē
③ 汉语 歌曲 Hànyǔ gēqǔ

(2) 她 明天 能 去 东京。
Tā míngtiān néng qù Dōngjīng.
① 不 会 bú huì
② 不 能 bù néng
③ 会 huì

*歌曲：歌曲

95

POINT 2 前置詞"离""从""到"

1) **肯定文**

A＋离＋B＋述語	Aは Bから～ / Aから Bまで～
从＋A＋到＋B＋述語	Aから Bまで～

外滩 离 东方 明珠 很 近。
Wàitān lí Dōngfāng Míngzhū hěn jìn.
バンドは東方明珠から近いです。

从 宿舍 到 这儿 很 远。
Cóng sùshè dào zhèr hěn yuǎn.
寮からここまでは遠いです。

现在 离 上 课 还 有 五 分钟。
Xiànzài lí shàng kè hái yǒu wǔ fēnzhōng.
今から授業が始まるまであと５分間あります。

从 东京 到 上海 要 三 个 小时。
Cóng Dōngjīng dào Shànghǎi yào sān ge xiǎoshí.
東京から上海までは３時間かかります。

2) **否定文** A＋离＋B＋不＋述語 AはBから～ない / AからBまで～ない

从＋A＋到＋B＋不＋述語 AからBまで～ない

外滩 离 东方 明珠 不 近。
Wàitān lí Dōngfāng Míngzhū bú jìn.
バンドは東方明珠から近くありません。

从 宿舍 到 这儿 不 远。
Cóng sùshè dào zhèr bù yuǎn.
寮からここまでは遠くありません。

从 东京 到 上海 用不了 三 个 小时。
Cóng Dōngjīng dào Shànghǎi yòngbuliǎo sān ge xiǎoshí.
東京から上海までは3時間かかりません。

✤ 否定の意味を持つ言葉“用不了”も使えます。

3) **疑問文** A＋离＋B＋述語＋吗？ AはBから～か / AからBまで～か

从＋A＋到＋B＋述語＋吗？ AからBまで～か

外滩 离 东方 明珠 近 吗？
Wàitān lí Dōngfāng Míngzhū jìn ma?
バンドは東方明珠から近いですか。

从 宿舍 到 这儿 远 吗？
Cóng sùshè dào zhèr yuǎn ma?
寮からここまでは遠いですか。

否疑問詞“几分钟”を用いる場合、次の言い方もできます。

现在 离 上 课 还 有 几 分钟？
Xiànzài lí shàng kè hái yǒu jǐ fēnzhōng?
今から授業が始まるまであと何分間ありますか。

✤“离”は空間的・時間的距離を表します。

✤“从”は動作・行為の出発点、“到”は動作・行為の到達点を表します。

*要：かかる、要する

即練習3 音声を聞いて、質問文を書き取り、さらに中国語で答えましょう。 96

(1) ＿＿＿＿＿＿＿＿ 答 ＿＿＿＿＿＿＿＿

(2) ＿＿＿＿＿＿＿＿ 答 ＿＿＿＿＿＿＿＿

(3) ＿＿＿＿＿＿＿＿ 答 ＿＿＿＿＿＿＿＿

(4) ＿＿＿＿＿＿＿＿ 答 ＿＿＿＿＿＿＿＿

练习

1 次の日本語を中国語に訳し、さらにピンインで書きましょう。

(1) あなたは中国の歌を歌えますか。

(2) 今日はコーヒーを飲むことができません。

(3) 東方明珠はバンドから遠いですか。

(4) ここからあそこまでは2時間かかりますか。

2 次の各文の（　）を埋めるのに最も適当なものを①～③の中から1つを選びましょう。

(1) 我 不 会 说 上海 话。你（　　）吗？
Wǒ bú huì shuō Shànghǎi huà. Nǐ ma?
① 会 huì　② 能 néng　③ 会 不 会 huì bu huì

(2) 他 晚上 得 打工，（　　）去 唱 卡拉 OK。
Tā wǎnshang děi dǎgōng, qù chàng kǎlā'ōukèi.
① 不 会 bú huì　② 不 能 bù néng　③ 能 néng

3 次の語句を正しい語順に並び替え、日本語に訳しましょう。

(1) 东京　不　会　他　来　。

(2) 能　去　下午　不　能　你　上海浦东国际机场　？

4 誤りを正しましょう。

(1) 林香不能说日语。

(2) 到图书馆从这儿不远。

(3) 便利店从我们学校很近。

(4) 大妈会看英语杂志。

5 本文を参考に、バンドに関する会話を作ってみましょう。

♣バンドの夜景

第12课 Dì shí'èr kè

地铁 Dìtiě

课文 ♣地下鉄2号線中山公園駅ホーム

98

中村：上海 的 地铁 线 真 多。
Shànghǎi de dìtiě xiàn zhēn duō.

林香：一共 有 十六 条 线。四 通 八 达。2 号 线 直通 上海 浦东 国际 机场。
Yígòng yǒu shíliù tiáo xiàn. Sì tōng bā dá. Èr hào xiàn zhítōng Shànghǎi Pǔdōng Guójì Jīchǎng.

中村：票价 才 七 块，比 出租车 便宜 很 多。
Piàojià cái qī kuài, bǐ chūzūchē piányi hěn duō.

林香：是呀。从 这儿 到 上海 浦东 国际 机场 用不了 三十五 分钟，又 快 又 便宜。
Shìya. Cóng zhèr dào Shànghǎi Pǔdōng Guójì Jīchǎng yòngbuliǎo sānshiwǔ fēnzhōng, yòu kuài yòu piányi.

中村：跟 日本 的 地铁 一 样 方便。林 香，你 来 送 我，谢谢！我 想 明年 再 来 留学。
Gēn Rìběn de dìtiě yí yàng fāngbiàn. Lín Xiāng, nǐ lái sòng wǒ, xièxie! Wǒ xiǎng míngnián zài lái liúxué.

林香：请 不要 客气！欢迎 你 再 来。下次 我们 去 吃 小杨 生煎包、骑 共享 单车、看 杂技。
Qǐng búyào kèqi! Huānyíng nǐ zài lái. Xiàcì wǒmen qù chī Xiǎoyáng Shēngjiānbāo、qí gòngxiǎng dānchē、kàn zájì.

中村：好。一 言 为 定！拉钩！
Hǎo. Yì yán wéi dìng! Lāgōu!

即練習1　本文を日本語に訳してみましょう。

生词

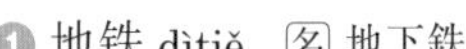

97

1. 地铁 dìtiě 名 地下鉄
2. 线 xiàn 名（交通の）路線、コース
3. 一共 yígòng 副 全部で、合計で
4. 条 tiáo 量 路線を数える
5. 四通八达 sì tōng bā dá 成 四通八達
6. 直通 zhítōng 動 直接に通じる
7. 票价 piàojià 名 切符や入場券などの金額
8. 才 cái 副 わずかに、～だけ
9. 块 kuài 量 元（人民元の通貨単位）
10. 比 bǐ 前 ～より
11. 便宜 piányi 形 安い
12. 又～又～ yòu~yòu~ ～でもあり、また～でもある
13. 快 kuài 形（速度が）速い
14. 跟～一样 gēn~yí yàng ～と同じだ
15. 送 sòng 動（人を）送る、見送る
16. 明年 míngnián 名 来年
17. 留学 liúxué 動 留学する
18. 不要 búyào 副 ～してはいけない、～するな
19. 客气 kèqi 動 遠慮する
20. 欢迎 huānyíng 動 歓迎する
21. 下次 xiàcì 名 次回
22. 小杨生煎包 Xiǎoyáng Shēngjiānbāo 名 小楊生煎館の焼き小籠包
23. 骑 qí 動 乗る
24. 共享单车 gòngxiǎng dānchē 名 シェア自転車
25. 杂技 zájì 名 サーカス、雑技
26. 一言为定 yì yán wéi dìng 成 一度約束した以上は反故にはしない
27. 拉钩 lāgōu 動 指切りする

语法

99

POINT 1 「比較」を表す前置詞“比”

1) **肯定文** A＋比＋B＋述語　AはBより～だ

这个 比 那个 便宜。
Zhège bǐ nàge piányi.
これはあれより（値段が）安いです。

他 比 我 喜欢 看 小说。
Tā bǐ wǒ xǐhuan kàn xiǎoshuō.
彼は私より小説を読むのが好きです。

✤ 比較の文では述語の形容詞に“很”は付けません。

比較して差がどのくらいあるかを表すには、次のようになります。

这个 比 那个 便宜 一点儿。
Zhège bǐ nàge piányi yìdiǎnr.
これはあれより少し（値段が）安いです。

那个 比 这个 贵 两 块。
Nàge bǐ zhège guì liǎng kuài.
あれはこれより2元高いです。

2) **否定文** A＋没（有）＋B＋述語　AはBほど～ではない

这个 没（有）那个 便宜。
Zhège méi (you) nàge piányi.
これはあれほど（値段が）安くないです。

他 没（有）我 喜欢 看 小说。
Tā méi (you) wǒ xǐhuan kàn xiǎoshuō.
彼は私ほど小説を読むのが好きではないです。

3) **疑問文** A＋比＋B＋述語＋吗？ AはBより～か

这个 比 那个 便宜 吗？
Zhège bǐ nàge piányi ma?
これはあれより（値段が）安いですか。

他 比 我 喜欢 看 小说 吗？
Tā bǐ wǒ xǐhuan kàn xiǎoshuō ma?
彼は私より小説を読むのが好きですか。

＊一点儿：少し

「並列」を表す“又～又～”

主語＋又＋形容詞$_1$＋又＋形容詞$_2$ ～でもあり、また～でもある

林 香 又 聪明 又 热心。
Lín Xiāng yòu cōngming yòu rèxīn.
林香さんは聡明でもあり、また熱心でもあります。

上海 的 小笼包 又 好吃 又 便宜。
Shànghǎi de xiǎolóngbāo yòu hǎochī yòu piányi.
上海の小籠包は美味しいでもあり、また安いでもあります。

＊聪明：聡明である　＊热心：熱心である　＊好吃：美味しい

即練習２ 下線部を①～③に置き換えて練習してみましょう。

(1) 这个 比 那个 快。
Zhège bǐ nàge kuài.
① 好吃 hǎochī　② 便宜 piányi　③ 方便 fāngbiàn

(2) 那本 书 没有 这本 书 好。
Nàběn shū méiyou zhèběn shū hǎo.
① 有 意思 yǒu yìsi　② 贵 guì　③ 厚 hòu

(3) 巴士 又 快 又 便宜。
Bāshì yòu kuài yòu piányi.
① 干净 / 方便 gānjìng fāngbiàn　② 便宜 / 多 piányi duō　③ 舒适 / 快 shūshì kuài

＊有意思：面白い　＊厚：厚い　＊巴士：バス　＊干净：清潔である　＊舒适：快適である

101

POINT 3

「類似」を表す“跟 / 和～一样”

1) **肯定文** A＋跟 / 和＋B＋一样 AはBと同じだ

这个 跟 那个 一样。
Zhège gēn nàge yíyàng.
これはあれと同じです。

他 和 你 一样。
Tā hé nǐ yíyàng.
彼はあなたと同じです。

後ろに形容詞をともなうこともできます。

这个 和 那个 一样 快。
Zhège hé nàge yíyàng kuài.
これはあれと同じくらい速いです。

他 跟 你 一样 高。
Tā gēn nǐ yíyàng gāo.
彼はあなたと同じくらい（背が）高いです。

2) **否定文** A＋跟／和＋B＋不一样　　AはBと同じではない

这个 跟 那个 不 一样。
Zhège gēn nàge bù yíyàng.
これはあれと同じではありません。

他 和 你 不 一样 高。
Tā hé nǐ bù yíyàng gāo.
彼はあなたと同じくらい（背が）高いではありません。

3) **疑問文** A＋跟／和＋B＋一样＋吗？
A＋跟／和＋B＋一样不一样？　　AはBと同じか

这个 和 那个 一样 吗？
Zhège hé nàge yíyàng ma?
これはあれと同じですか。

他 跟 你 一样 高 吗？
Tā gēn nǐ yíyàng gāo ma?
彼はあなたと同じくらい（背が）高いですか。

这个 和 那个 一样 不 一样？
Zhège hé nàge yíyàng bu yíyàng?
これはあれと同じですか。

他 跟 你 一样 高 不 一样 高？
Tā gēn nǐ yíyàng gāo bu yíyàng gāo?
彼はあなたと同じくらい（背が）高いですか。

102

「禁止」を表す“别”“不要”

別／不要＋動詞　　～しないでください、～してはいけません

别 担 心。
Bié dān xīn.
心配しないでください。

请 不要 客气！
Qǐng búyào kèqi!
どうか遠慮なさらずに。

别 再 喝 了。
bié zài hē le.
もうこれ以上飲むのはやめなさい。

- “别”と“不要”は大きな違いはないが、“别”のほうが口語的です。
- 今まで行われている動作を禁止する場合には“别／不要～了”となる場合が多いです。

*担心：心配する

即練習3 音声を聞いて、質問文を書き取り、さらに中国語で答えましょう。　　103

(1) ＿＿＿＿＿＿＿＿　答 ＿＿＿＿＿＿＿＿

(2) ＿＿＿＿＿＿＿＿　答 ＿＿＿＿＿＿＿＿

(3) ＿＿＿＿＿＿＿＿　答 ＿＿＿＿＿＿＿＿

(4) ＿＿＿＿＿＿＿＿　答 ＿＿＿＿＿＿＿＿

练习

1 次の日本語を中国語に訳し、さらにピンインで書きましょう。

⑴ 私はあなたと同じで、読書が好きです。

⑵ 地下鉄はタクシーほど高くないです。

⑶ 遠慮しないてください。

⑷ 彼女は可愛くもあり、また熱心でもあります。

2 次の文を否定文にしましょう。

⑴ 我的参考书跟他的一样。

⑵ 小笼包比小杨生煎包好吃。

⑶ 他比我唱得好。

⑷ 中国的地铁和日本的地铁一样。

3 次の語句を正しい語順に並び替え、日本語に訳しましょう。（下線の語から始める。）

⑴ 豫园　一点　比　外滩　远　。

⑵ 东方明珠　高　吗　上海环球金融中心　跟　一样　？

4 誤りを正しましょう。

(1) 留学生宿舍干净又舒适又。

(2) 跟广场舞不一样广场健身操。

(3) 出租车比地铁一样贵。

(4) 别不要再喝了。

5 本文を参考に、地下鉄に関する会話を作ってみましょう。

♣地下鉄２号線中山公園駅ホーム

索引

电视　diànshì　名 テレビ　53
电视机　diànshìjī　名 テレビ　39
电视塔　diànshìtǎ　名 テレビ塔　75
电视台　diànshìtái　名 テレビ放送局　63
店员　diànyuán　名 店員　51
滴滴车　dīdīchē　名 滴滴車（Uber Taxi）　45
滴滴出行　Dīdīchūxíng　名 滴滴出行（中国版 Uber Taxi アプリ）　45
地上　dìshang　名 地面、地べた　57
迪士尼公主　Díshìní gōngzhǔ　名 ディズニーのお姫様　69
地铁　dìtiě　名 地下鉄　70, 81
第 1 排　dìyīpái　名 第 1 列　21
东方明珠　Dōngfāng Míngzhū　名 東方明珠（テレビ塔名）　75
东京迪士尼乐园　Dōngjīng Díshìní Lèyuán　名 東京ディズニーランド　69
都　dōu　副 みな、みんな、すべて、ともに、　副 ～でさえ、～ですら　21
肚子　dùzi　名 腹　45
对　duì　その通りだ、はい、正しい　33
　前 ～に対して
对不起　duìbuqǐ　動 慣 すみません　51
对面　duìmiàn　方 向こう、真向い　75
多　duō　形 多い　33
　接尾 ～あまり
多少　duōshao　代 どれぐらい　33
多少钱　duōshao qián　いくら　34

E

儿女　érnǚ　名 子女、息子と娘、子供　57

F

方便　fāngbiàn　形 便利である　45
房间　fángjiān　名 部屋、室　39
饭钱　fànqián　名 食事代金　51
分钟　fēnzhōng　名 ～分間　45
付　fù　動（お金を）払う、支出する　51
父母　fùmǔ　名 父母、両親、父と母　57

G

干净　gānjìng　形 清潔である　82
感兴趣　gǎn xìngqù　興味を持つ、興味がある　69
刚才　gāngcái　名 先ほど　51
高　gāo　形 高い　33
高层　gāocéng　名 高層　75
高度　gāodù　名 高度、高さ　33
歌　gē　名 歌　65
歌曲　gēqǔ　名 歌曲　76
个个儿　gègèr　みな、一人一人、それぞれ　63
跟　gēn　前 ～と　63
跟～一样　gēn~yí yàng　～と同じだ　81
公里　gōnglǐ　量 キロメートル　21
公司　gōngsī　名 会社　27
共享单车　gòngxiǎng dānchē　名 シェア自転車　81
管理员　guǎnlǐyuán　名 管理人　39
广场　guǎngchǎng　名 広場　63
广场舞　guǎngchǎngwǔ　名 広場ダンス　63
贵　guì　形（値段が）高い　35
贵姓　guìxìng　名 お名前、ご芳名（名字）　17
古老　gǔlǎo　形 古い，歴史を持つ　75
～过　guo　助 ～したことがある　63

H

还　hái　副 その上、まだ、なお　33
还是　háishi　接 それとも　69
海外　hǎiwài　名 海外、国外　63

中国語	ピンイン	品詞	意味	頁
憨豆先生	Hāndòu xiānsheng	名	Mr. ビーン（人名）	63
汉语	Hànyǔ	名	中国語	28
汉语课	Hànyǔ kè	名	中国語の授業	29
好	hǎo	形	よい （同意を表す）よろしい、OK 挨拶などの 慣用句として用いる	27
好吃	hǎochī	形	美味しい	82
号	hào	量	～日（日にちを示す） ～号（番号を示す）	39
喝	hē	動	飲む	40
和	hé	前	～と	33
很	hěn	副	とても、大変	33
厚	hòu	形	厚い	82
欢迎	huānyíng	動	歓迎する	81
黄浦江	Huángpǔjiāng	名	黄浦江（河川名）	75
黄色	huángsè	名	黄色	27
会	huì	助	（習得して）～できる	75

J

中国語	ピンイン	品詞	意味	頁
记得	jì de	動	覚えている	33
家具	jiājù	名	家具	39
见到	jiàndào		見かける、目にする、会う	69
见到你很高兴	jiàndào nǐ hěn gāoxìng	套	お会い出来て嬉しいです	15
见面	jiànmiàn	動	顔を合わせる	57
健身操	jiànshēncāo	名	健康体操	63
建筑群	jiànzhùqún	名	建築物群	75
叫	jiào	動	名前は～という 動 鳴く、叫ぶ	15
角	jiǎo	名	隅、角、コーナー	57
教室	jiàoshì		教室	41
借	jiè	動	借りる	40
姐	jiě	名	姉、姉さん	39
姐姐	jiějie	名	お姉さん、姉	51
今天	jīntiān	名	今日	45
近	jìn	形	近い	75
锦江	Jǐnjiāng	名	錦江（タクシー名）	27
景点	jǐngdiǎn	名	観光スポット	75
就	jiù	副	他ではなく、すぐ、じきに	33
觉得	juéde	動	～と思う、感じる	57

K

中国語	ピンイン	品詞	意味	頁
咖啡	kāfēi	名	コーヒー	34
卡拉 OK	kǎlā'ōukèi	名	カラオケ	72
开心	kāixīn	形	楽しい、愉快である	63
开园	kāiyuán	動	開園する	70
看	kàn	動	見る、読む	15
看不见	kànbujiàn	動	見えない、目に入れない	51
看出来	kànchūlai	動	見分ける、見てとる、見抜く	69
看见	kànjiàn	動	見える、目に入る	51
可爱	kě'ài	形	可愛い	69
可口可乐	Kěkǒu kělè	名	コカコーラ	40
可怜天下父母心	kělián tiānxià fùmǔ xīn	諺	可哀そうな世の親心	61
客气	kèqi	動	遠慮する	81
空调	kōngtiáo	名	エアコン	39
块	kuài	量	元（人民元の通貨単位）	81
快	kuài	形	（速度が）速い	65, 81
快餐店	kuàicāndiàn	名	ファーストフード店	52

L

中国語	ピンイン	品詞	意味	頁
啦	la	助	文末に用いて感嘆の意を表す	63
拉钩	lāgōu	動	指切りする	81
来	lái	動	来る	27

老师 lǎoshī 名 先生 17
了 le 助（完了を表す）～した 27
～里 li 名 ～の中 29, 39
离 lí
前（2点の距離を言う時の）～から 75
辆 liàng 量 台、両（車を数える）45
两岸 liǎng'àn 名 両岸 75
了不起 liǎobuqǐ 形 素晴らしい、すごい 21
林香 Lín Xiāng 名 林香（人名）15
六年前 liùniánqián 六年前 69
留学 liúxué 動 留学する 55, 81
留学生 liúxuéshēng 名 留学生 16, 39
咯 lo
助 肯定と感嘆を兼ねた語気を表す 33
旅游 lǚyóu 動 旅行する 51

M

妈妈 māma 名 お母さん 17
吗 ma 助 文末に用いて疑問を表す 15
麻烦您了 máfan nín le 慣 お手数をかける 39
买东西 mǎi dōngxi 買い物をする 51
没有 méi yǒu 動 否定を表す動詞 29
動 完了の否定を表す 40
没错儿 méicuòr 間違いない 15
没关系 méiguānxi
かまわない、大丈夫です 51
美 měi 形 美しい、綺麗である 75
美不胜收 měi bú shèng shōu
成 素晴らしいものが多すぎて見切れない 75
美女 měinǚ 名 美女、若い美しい女性 51
每天 měitiān 名 毎日 33
们 men 接尾「接尾」～たち 63
米 mǐ 量 メートル 33
米奇 Mǐqí 名 ミッキー 69
密码 mìmǎ 名 パスワード 39
秒钟 miǎozhōng 名 ～秒間 51
明年 míngnián 名 来年 81
名字 míngzi 名（人の）名、名前 17
民族 mínzú 名 民族 17
摩天大楼 mótiāndàlóu 名 摩天楼 33

N

哪 nǎ 代 どれ、どちら 27
哪家 nǎjiā どちらの会社 27
哪儿 nǎr 代 どこ 27
那（么） nà(me) 接 それでは 45
那边儿 nàbianr 代 あちら、あそこ 75
那么多 nàmeduō 形 そんなに多い 27
那儿 nàr 代 あそこ 39
男生 nánshēng 名 男子学生 69
南翔馒头店 Nánxiáng Mántoudiàn
名 南翔饅頭店 45
呢 ne 助 文末に用いて疑問を表す 21
能 néng
助（条件的・能力的に）～できる 75
嗯 ǹg 嘆（承諾を表す）うん、はい 27
你 nǐ 代 あなた 15
你好 nǐ hǎo 慣 こんにちは 39
年龄 niánlíng 名 年齢、年 57

O

欧式 ōushì 名 ヨーロッパ式の 75

P

排 pái 名 列 21
朋友 péngyou 名 友人、友だち 70
便宜 piányi 形 安い 81
票价 piàojià
名 切符や入場券などの金額 81
平顶式 píngdǐngshì 名 平形式 33

Q

骑　qí　動 乗る　81

奇幻童话城堡　Qíhuàn Tónghuà Chéngbǎo　名 おどきの国の魔法のお城　69

钱　qián　名 金、代金　51

前面　qiánmian　方 前、前方　27

强生　Qiángshēng　名 強生（タクシー名）　27

请　qǐng　敬 どうぞ（…してください）　21

请多关照　qǐngduō guānzhào　套 どうぞよろしく　15

请问　qǐngwèn　套 お尋ねします　15

去　qù　動 行く　27

R

热心　rèxīn　形 熱心である　82

人　rén　名 人　63

人民公园　Rénmín Gōngyuán　名 人民公園　57

日本　Rìběn　名 日本　15

日本富士大学　Rìběn Fùshì Dàxué　名 日本富士大学　15

日本人　Rìběnrén　名 日本人　16

日语课　Rìyǔ kè　名 日本語の授業　30

S

伞　sǎn　名 傘　57

伞面　sǎnmiàn　名 傘の表面、傘の表　57

扫码支付　sǎomǎzhīfù　QR コードをスキャンして支払い　51

森大厦　Sēndàshà　名 森ビル（会社名）　33

商店　shāngdiàn　名 店　51

～上　shàng　名 ～の上　57

上车　shàngchē　動 車に乗る、乗車する　21

上课　shàng kè　動 授業に出る、授業をする、授業が始まる　52

上学　shàng xué　動 通学する　52

上海　Shànghǎi　名 上海（地名）　21

上海迪士尼乐园　Shànghǎi Díshìní Lèyuán　名 上海ディズニーランド　69

上海浦东国际机场　Shànghǎi Pǔdōng Guójì Jīchǎng　名 上海浦東国際空港　15

上海话　Shànghǎihuà　名 上海語　76

上海环球金融中心　Shànghǎi Huánqiú Jīnróng Zhōngxīn　名 上海環球金融中心　33

上海人　Shànghǎirén　名 上海人　57

上海中心大厦　Shànghǎi Zhōngxīn Dàshà　名 上海タワー　33

谁　shéi　代 誰、どなた　21

身高　shēngāo　名 身長、身丈　57

什么　shénme　代 何、どんな、何の　17, 21

什么时候　shénme shíhou　代 いつ　46

生日　shēngri　誕生日　46

是　shì　動 ～である　（肯定の返事）はい、そうです　15

（是）～的　(shì)~de　～したのだ　69

时间　shíjiān　名 時間　51

世界　shìjiè　名 世界　33

时速　shísù　名 時速　21

收入　shōurù　名 収入　57

蔬菜　shūcài　名 野菜　45

书法　shūfǎ　名 書道　28

舒适　shūshì　形 快適である　82

说　shuō　動 話す、言う　65, 75

四通八达　sì tōng bā dá　成 四通八達　81

送　sòng　動（人を）送る、見送る　81

宿舍　sùshè　名 寮、宿舍　39

所以　suǒyǐ　接 従って、だから　51

T

他们	tāmen	代 彼ら	57
她们	tāmen	代 彼女ら	63
太～了	tài~le	あまりにも～だ	33
太极拳	tàijíquán	名 太極拳	71
谈	tán	動 話す、話し合う	57
唐老鸭	Tánglǎoyā	名 ドナルドダック	69
体育课	tǐyù kè	名 体育の授業	30
条	tiáo	量 路線を数える	81
跳	tiào	動 踊る、跳ぶ	63
听	tīng	動 聴く、聞く	59
听你的	tīng nǐ de	お任せする	27
听说	tīngshuō	動 聞くところによれば、聞いている	63
童话	tónghuà	名 童話	69
同学	tóngxué	名 学生に対する呼称、同級生	15
图书馆	túshūguǎn	名 図書館	28

W

外滩	Wàitān	名 バンド（地名）	75
外滩观光隧道浏览车	Wàitān Guānguāng Suìdào Liúlǎnchē	名 バンド観光トンネル観覧車	75
微信	wēixìn	名 WeChat	39
位	wèi	量 敬意を持って人を数える	39
卫生间	wèishēngjiān	名 バスルーム・トイレの総称	39
我	wǒ	代 私	15
乌龙茶	wūlóngchá	名 ウーロン茶	16
五彩斑斓	wǔcǎi bānlán	色々な色があやなして美しい	75
舞	wǔ	名 踊る、ダンス	63
舞技	wǔjì	名 踊るのテクニック	63
Wi-Fi		名 Wi-Fi	39

X

喜欢	xǐhuan	動 好きである、好む	69
虾仁	xiārén	名 むきエビ	45
下车	xiàchē	動 車を降りる、降車する	21
下次	xiàcì	名 次回	81
下载	xiàzài	動 ダウンロードする	45
先	xiān	副 先に、事前に、まず	57
线	xiàn	名（交通の）路線、コース	81
现代	xiàndài	形 近代的な	75
相亲	xiāngqīn	動 見合いをする	57
想	xiǎng	助動 ～したい	39
现在	xiànzài	名 現在、今	45
小哥哥	xiǎogēge	名 若い格好いい男性に対する呼称	57
小姐姐	xiǎojiějie	名 若い可愛い女性に対する呼称	57
小笼包	xiǎolóngbāo	名 小籠包	45
小说	xiǎoshuō	名 小説	59
小杨生煎包	Xiǎoyáng Shēngjiānbāo	名 小楊生煎館の焼き小籠包	81
写	xiě	動 書く	57
蟹黄	xièhuáng	動 カニみそ	45
谢谢	xièxie	動 ありがとう、感謝する	39
新闻	xīnwén	名 ニュース	33
信息	xìnxī	名 データ、情報、資料	57
兴建	xīngjiàn	動 建設する	33
姓	xìng	動 姓は～である	15
性别	xìngbié	名 性別	57
休息	xiūxi	動 休憩する、休む	58
旋转木马	xuánzhuǎn mùmǎ	名 メリーゴーランド	69
学历	xuélì	名 学歴	57
学生	xuésheng	名 学生	16
学生证	xuéshēngzhèng	名 学生証	15
学习	xuéxí	動 学び、勉強する	28

学校 xuéxiào 名 学校 66
需要 xūyào 動 必要としている 39

Y

呀 ya 助 文末に用いて肯定の意を表す 51
眼 yǎn 名 目 51
扬名 yángmíng 動 名をあげる 63
要 yào 動 かかる、要する 77
也 yě 副 も 21
夜景 yèjǐng 名 夜景 75
一点儿 yìdiǎnr 副 少し 82
一定 yīdìng 副 必ず、絶対に 51
一共 yígòng 副 全部で、合計で 81
一起 yìqǐ 副 一緒に 63
一些 yìxiē 数量 いくつかの、少し 57
一言为定 yìyán wéi dìng 成 一度約束した以上は反故にはしない 81
已经 yǐjing 副 すでに、もう 63
音乐 yīnyuè 名 音楽 17
英国 Yīngguó 名 イギリス、英国 63
英语 Yīngyǔ 名 英語 28
用 yòng 動 使う、用いる 39
用不了 yòngbuliǎo かからない 75
优惠券 yōuhuìquàn 名 クーポン券 27
由 yóu 前 ～が（～する）～から（～する） 33
有 yǒu 動 ある、いる、持っている 27
有名 yǒumíng 形 有名である 45
有意思 yǒu yìsi 形 面白い 82
又 yòu 副 また 69
又～又～ yòu~yòu~ ～でもあり、また～でもある 81
豫园 Yùyuán 名 豫園 45
预约 yùyuē 動 予約する 45

Z

杂技 zájì 名 サーカス、雑技 81
杂志 zázhì 名 雑誌 16
在 zài 動 ～にある・いる 前 ～で、～に 39
再 zài 副 それから、再び 57
怎么 zěnme 代 なぜ、どうして、どのように 51
怎么样 zěnmeyàng 代 どうですか 33
张 Zhāng 名 張（中国人の姓） 39
张华 Zhāng Huá 名 張華（人名） 39
这 zhè 代 これ 15
这边儿 zhèbianr 代 こちら、ここ 75
这些 zhèxiē 代 これら 57
真 zhēn 副 本当に 45
珍珠奶茶 zhēnzhū nǎichá 名 タピオカ入りのミルクティー 40
正在～呢 zhèngzài~ne 副 ちょうど～しているところだ 57
只 zhī 量 動物を数える 69
只 zhǐ 副 ただ、～だけ、～しかない 51
纸 zhǐ 名 紙 57
知道 zhīdao 動 知っている、分かる 33
支付宝 Zhīfùbǎo 名 アリペイ 51
直通 zhítōng 動 直接に通じる 81
职业 zhíyè 名 職業 57
中村 Zhōngcūn 名 中村（日本人の姓） 15
中村健夫 Zhōngcūn Jiànfū 名 中村健夫（人名） 15
终点站 zhōngdiǎnzhàn 名 終着駅、終点 21
中国 Zhōngguó 名 中国 17
中国风 Zhōngguófēng 名 中国風味 69
中国人 Zhōngguórén 名 中国人 16
种类 zhǒnglèi 名 種類 45
猪肉 zhūròu 名 豚肉 45

中国語スタイルでいこう
－上海編－

山梨県立大学教授　平野　和彦
愛知文教大学教授　馬　　　燕　著

2020. 3. 30　初版発行
2021. 2. 1　初版 2 刷発行

発行者　井　田　洋　二

発行所　株式会社　**駿河台出版社**
〒 101-0062　東京都千代田区神田駿河台 3 の 7
電話 (3291) 1676　FAX (3291) 1675　振替 00190-3-56669
E-mail：edit@e-surugadai.com
http://www.e-surugadai.com

印刷　(株) フォレスト
ISBN978-4-411-03131-0　C1087　￥2200E

中　国　語

韻母 / 声母	介音なし																
	-i[ʅ]	-i[ɿ]	a	o	e	er	ai	ei	ao	ou	an	en	ang	eng	ong	i[i]	ia
Ø			a	o	e	er	ai	ei	ao	ou	an	en	ang	eng		yi	ya
b			ba	bo			bai	bei	bao		ban	ben	bang	beng		bi	
p			pa	po			pai	pei	pao	pou	pan	pen	pang	peng		pi	
m			ma	mo	me		mai	mei	mao	mou	man	men	mang	meng		mi	
f			fa	fo				fei		fou	fan	fen	fang	feng			
d			da		de		dai	dei	dao	dou	dan	den	dang	deng	dong	di	
t			ta		te		tai		tao	tou	tan		tang	teng	tong	ti	
n			na		ne		nai	nei	nao	nou	nan	nen	nang	neng	nong	ni	
l			la		le		lai	lei	lao	lou	lan		lang	leng	long	li	lia
g			ga		ge		gai	gei	gao	gou	gan	gen	gang	geng	gong		
k			ka		ke		kai	kei	kao	kou	kan	ken	kang	keng	kong		
h			ha		he		hai	hei	hao	hou	han	hen	hang	heng	hong		
j																ji	jia
q																qi	qia
x																xi	xia
zh	zhi		zha		zhe		zhai	zhei	zhao	zhou	zhan	zhen	zhang	zheng	zhong		
ch	chi		cha		che		chai		chao	chou	chan	chen	chang	cheng	chong		
sh	shi		sha		she		shai	shei	shao	shou	shan	shen	shang	sheng			
r	ri				re				rao	rou	ran	ren	rang	reng	rong		
z		zi	za		ze		zai	zei	zao	zou	zan	zen	zang	zeng	zong		
c		ci	ca		ce		cai		cao	cou	can	cen	cang	ceng	cong		
s		si	sa		se		sai		sao	sou	san	sen	sang	seng	song		